Christa Rolf

Charmant shabby

Nähen im Shabby Chic

OZ creativ

schon als Kind hatte ich eine Schwäche für Schönes und Altes und sammelte alte Stoffe und Spitzen. Nicht ohne Grund: In meiner Familie hat der Umgang mit Stoffen eine lange Tradition. Meine Urgroßmutter war Weißnäherin, Großmutter und Mutter waren Schneiderinnen. Meine Großmutter unterstützte meine Sammelleidenschaft, von ihr erhielt ich auch alte Fotos und Familienschriftstücke. Durch mein Interesse an nostalgischen Dingen entwickelte ich mein Faible für den „Shabby Chic"! In diesem Buch sehen Sie, was seinen Charme ausmacht: Neben alten Möbelstücken mit kleinen Schrammen oder ein wenig abgeblätterter Farbe sind es vor allem Stoffe in sanften Tönen, mit filigranen Mustern und romantischen Motiven. Altweiß und Creme bilden den ruhigen Hintergrund der selbst gefertigten, verspielten Accessoires. Für Abwechslung sorgen Punkte, Karos und Streublümchen. Meine Katze Shabby und mein Kater Sam fühlen sich in dieser Umgebung sehr wohl und tragen durch ihr besonderes Wesen auch zur Behaglichkeit bei.

Einige Modelle sind sehr praktisch, viele sind schnell und einfach nachzuarbeiten – aber alle sind schön und erfreuen das Herz beim Anschauen.

Viel Freude mit Shabby Chic wünscht Ihnen

Inhalt

Schwierigkeitsgrade der Modelle

❤   = einfach und schnell

❤❤   = mit geringem Aufwand

❤❤❤   = etwas aufwendiger

CAFE de la TOUR

Daily Sweet

POUR BIEN MANGER

Nostalgischer Charme in der Küche

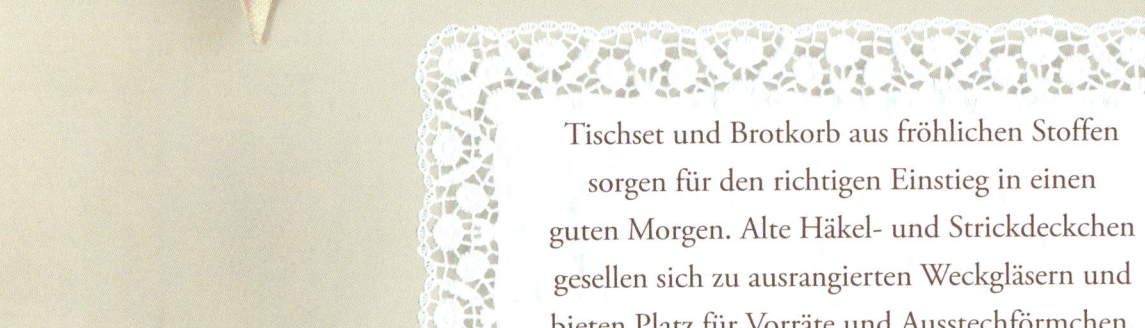

Tischset und Brotkorb aus fröhlichen Stoffen sorgen für den richtigen Einstieg in einen guten Morgen. Alte Häkel- und Strickdeckchen gesellen sich zu ausrangierten Weckgläsern und bieten Platz für Vorräte und Ausstechförmchen.

Gute Laune zum Frühstück

Tischset · Größe: 45 x 36 cm · Vorlage Nr. 1 auf Seite 73 · Schwierigkeitsgrad ❤

Material

· 0,40 m Stoff, groß gemustert
· 0,40 m Volumenvlies zum beidseitigen Aufbügeln

Zuschneiden

*Die Vorlage enthält keine Nahtzugabe.
Für das Schnittmuster Vorlage 1 wie angegeben
vergrößern, eine Zeitung vierteln, die Vorlage
übertragen und ausschneiden. So ergibt sich das
Muster für die komplette Form des Sets.*

Tipp

Das Tischset hat die Form eines großen Etiketts
im nostalgischen Stil. Solche Etiketten können
Sie für Weckgläser mithilfe von Vorlage 11 auf
Seite 73 gut selbst anfertigen.

Nähen

Das Schnittmuster auf die Rückseite des Stoffes zeichnen und mit Nahtzugabe
ausschneiden. Rechts auf rechts auf ein entsprechend großes Stück Stoff legen,
beides zusammen auf Volumenvlies. Ringsherum zusammennähen, dabei ein
Stück der Naht zum Wenden offen lassen. Volumenvlies bis kurz vor die Naht
und die zweite Lage Stoff auf die Größe der Vorderseite zurückschneiden.
Die Nahtzugabe in den Rundungen und Innenecken mehrfach bis kurz vor die
Naht einschneiden. Das Set wenden und die Wendeöffnung von Hand schließen.
Durch Bügeln Volumenvlies und Stoff miteinander fixieren.

Hausgemachte Sammlerstücke

Sammeltassen · Größe: 7 cm hoch · Vorlagen Nr. 2a+b auf Seite 71 und 2c auf Seite 70 · Schwierigkeitsgrad 🧡🧡

Material

Für 1 Tasse mit Untertasse
· 0,25 cm Stoff in Blau oder Rosa gemustert
· 0,25 cm Stoff in Weiß
· 0,25 m Volumenvlies zum Aufbügeln
· Strickliesel
· Wolle in Weiß
· dünner Draht
· wasserlöslicher Markierstift

Zuschneiden

Für 1 Tasse mit Untertasse
Die Vorlagen enthalten keine Nahtzugabe.
Stoff in Blau oder Rosa gemustert:
· 1-mal 20 x 20 cm (Tasse Außenseite)
· 1-mal 20 x 20 cm (Untertasse)
Volumenvlies:
· 2-mal 20 x 20 cm

Nähen

Tasse: Für die Außenseite Volumenvlies auf die Rückseite des Stoffzuschnitts bügeln. Vorlage 2a mit dem wasserlöslichen Markierstift auf das Volumenvlies übertragen; die gestrichelte Linie nicht beachten, sie betrifft das Modell Cupcake. Mit Nahtzugabe ausschneiden und an den Schmalseiten zusammennähen. Für die Innenseite Vorlage 2a auf weißen Stoff übertragen, mit Nahtzugabe ausschneiden und ebenfalls an den Schmalseiten zusammennähen.
Für den Boden der Innenseite Vorlage 2b einmal aus weißem Stoff zuschneiden und von Hand einnähen. Innen- und Außenseite rechts auf rechts entlang der oberen Kante zusammennähen. Die Innenseite in die Außenseite stecken und so bügeln, dass ein wenig vom weißen Innenteil entlang der oberen Kante zu sehen bleibt. Für den Boden der Außenseite Vorlage 2b zweimal mit Nahtzugabe aus dem gemusterten Stoff zuschneiden. In einen der Kreise einen Einschnitt zum Wenden machen. Beide Kreise rechts auf rechts ringsherum zusammennähen. Die Nahtzugabe mehrfach bis kurz vor die Naht einschneiden, wenden und den Boden von Hand einnähen. Für den Henkel mit der Strickliesel einen Strickschlauch von 7 cm stricken. Den Draht einige Male in der Länge des Henkels biegen und in den Schlauch schieben. Die Enden vernähen und nach innen ziehen. Den Henkel in Form biegen und annähen.

Untertasse: Volumenvlies auf die Rückseite des Stoffzuschnitts bügeln. Vorlage 2c mit dem wasserlöslichen Markierstift auf das Volumenvlies übertragen, dabei die Abnäher mit übertragen und das Ganze mit Nahtzugabe ausschneiden. Ein weiteres Mal ohne Volumenvlies ausschneiden.
An beiden Kreisen die Abnäher nähen. Beide Kreise rechts auf rechts zusammennähen, dabei ein Stück der Naht zum Wenden offen lassen. Wenden und die Wendeöffnung schließen. Den gestrichelten Kreis in der Mitte aufzeichnen und absteppen.

Deko zur Teestunde

Teebeutel · Größe: ca. 4 x 5,5 cm · Vorlage Nr. 3 auf Seite 70 · Schwierigkeitsgrad ❤

Material

· Stoffreste
· dünne Paketkordel
· wasserlöslicher Markierungsstift
· Tee

Zuschneiden

Stoff:
· 2 x 4 cm (Etikett)
Kordel:
· 15 cm lang

Nähen

Einen Stoffrest links auf links zur Hälfte legen und Vorlage 3 mit dem wasserlöslichen Markierstift übertragen, dabei liegt die gestrichelte Linie am Stoffbruch. Entlang der beiden Außenkanten und der abgeschrägten Kanten mit kleinen Stichen (Stichlänge 2) zusammennähen. Mit ca. 2 mm Nahtzugabe den Beutel ausschneiden. Den Tee mithilfe eines Trichters durch die geöffnete Oberkante einfüllen.

Die Kordel in die Öffnung schieben und die Öffnung knappkantig zunähen, dabei wird die Kordel mitgefasst. Den Zuschnitt für das Etikett zur Hälfte legen und über das andere Ende der Kordel schieben. An den drei offenen Kanten knappkantig zusammennähen.

Augenschmaus

Cupcakes · Größe: ca. 8 cm hoch · Vorlagen Nr. 2a+b und Nr. 4a+b auf Seite 71 · Schwierigkeitsgrad 🖤🖤

Material

Für 1 Cupcake

· 0,20 cm Stoff in Blau gemustert
· 0,20 cm Stoff in Weiß oder Rosa
· 0,15 m Volumenvlies zum Aufbügeln
· synthetische Füllwatte
· 1 Häkelblüte in Weiß oder Rosa
· 1 Perle in Rot
· wasserlöslicher Markierstift

Zuschneiden

Für 1 Cupcake

Die Vorlagen enthalten keine Nahtzugabe.
Für den Cupcake Vorlage 2a von der gestrichelten
Linie bis zum kleineren Bogen verwenden.
Stoff in Blau gemustert:
· 1-mal 16 x 16 cm (Unterteil)
Volumenvlies:
· 1-mal 16 x 16 cm (Unterteil)
Weiß oder Rosa:
· 1-mal 15 x 30 cm (Sahnetuff)

Nähen

Für das Unterteil Volumenvlies auf die Rückseite des Stoffzuschnitts bügeln. Die Vorlage mit dem wasserlöslichen Markierstift auf das Volumenvlies zeichnen. Mit Nahtzugabe ausschneiden und an den Schmalseiten zusammennähen. Für den Deckel Vorlage 4a auf die Rückseite des blauen Stoffes übertragen, ausschneiden und in das Unterteil einnähen. Für den Boden Vorlage 2b zweimal mit Nahtzugabe aus dem blauen Stoff zuschneiden. In einen der Kreise einen Einschnitt zum Wenden machen. Beide Kreise rechts auf rechts ringsherum zusammennähen. Die Nahtzugabe mehrfach bis kurz vor die Naht einschneiden und wenden. Den Cupcake mit Füllwatte ausstopfen und den Boden von Hand einnähen.

Für den Sahnetuff den Stoff quer zur Hälfte zusammenlegen und Vorlage 4b übertragen. Dabei liegt die gestrichelte Linie am Stoffbruch. Rechts auf rechts zur Hälfte zusammenlegen und entlang der geraden Kante zusammennähen. So entsteht eine Spitztüte.

Entlang der offenen Stoffkante den Stoff mit großen Stichen heften. Den Faden anziehen und den Stoff zusammenziehen, bis die Öffnung ungefähr der Größe des Deckels entspricht. Den Faden vernähen und abschneiden. Die Spitztüte auf den Deckel des Cupcakes stecken und ringsherum von Hand annähen. Das obere Ende der Spitztüte verdrehen, sodass die Form des Sahnetuffs entsteht. Einige Male durch den Tuff nähen, um die Form zu fixieren. Die Häkelblüte zusammen mit der Perle aufnähen.

Appetitlicher Blickfang

Brotkorb · Größe: 22 cm Durchmesser · Vorlage Nr. 5 auf Seite 72 · Schwierigkeitsgrad 🍓

Material

· 0,25 m Stoff mit Musterstreifen
· 0,25 m Stoff in Blau gepunktet
· 0,60 m Volumenvlies zum Aufbügeln
· 1 Häkelblüte in Weiß
· 1 Perle in Rot

Zuschneiden

Die Nahtzugabe (0,75 cm) ist in den
Zuschnittmaßen und in der Vorlage enthalten.
Stoff mit Musterstreifen:
· 1-mal 70 x 16 cm
Stoff in Blau gepunktet:
· 1-mal 70 x 16 cm
Volumenvlies:
· 2-mal 70 x 16 cm
Für den Boden eine Zeitung vierteln, den Viertelkreis
der Vorlage 5 übertragen und ausschneiden. So ergibt
sich das Schnittmuster für die komplette Kreisform
des Bodens. Durch Falten den Papierschnitt in vier
gleichmäßige Segmente unterteilen und diese auf dem
äußeren Rand markieren.
Den Kreis auf die Rückseite beider Stoffe aufzeichnen,
die Markierungen ebenfalls übertragen und ohne
Nahtzugabe ausschneiden.

Nähen

Für den Rand des Brotkorbs jeweils auf die Rückseite der beiden Stoffstreifen
das Volumenvlies bügeln. Jeden der beiden Streifen rechts auf rechts zum Ring
zusammennähen und die Nahtzugabe auseinanderbügeln, dabei beim Streifen
für das Futter ca. 10 cm der Naht zum Wenden offen lassen.
Die Ringe ebenfalls in vier gleichmäßige Abschnitte unterteilen und jeweils auf
einer Längsseite markieren.
Für den Boden aus dem Volumenvlies zwei Kreise in der Größe der Stoffzuschnitte
ausschneiden und auf die Rückseite der Stoffe bügeln. Die beiden Ränder entsprechend den Markierungen an die Bodenteile stecken. Dabei darauf achten, dass
die Markierungen übereinanderliegen. Ringsherum annähen. Beide Körbe entlang
der oberen Kante rechts auf rechts aufeinanderstecken und ringsherum zusammennähen. Durch die Öffnung wenden und die Wendeöffnung von Hand schließen.
Das Futter in den Korb stecken und die obere Kante etwa 4 cm umschlagen.
Die Häkelblüte zusammen mit der Perle am Rand festnähen.

Zuckersüßer Wandschmuck

Anhänger „Cupcake" · Größe: 8 x 10 cm · Vorlage Nr. 6 auf Seite 72 · Schwierigkeitsgrad 🍎

Material

· *Stoffreste in Rosa und Blau gemustert*
· *0,15 m Volumenvlies*
· *0,10 m Zackenlitze*
· *0,20 m Satinband in Weiß, 3 mm breit*
· *Häkelblüte in Weiß und Rosa*
· *Perlen in Pink*
· *wasserlöslicher Markierstift*

Zuschneiden

Die Vorlage enthält keine Nahtzugabe.
Stoff in Rosa:
· *1-mal 11 x 9 cm (Oberteil)*
Stoff in Blau gemustert:
· *1-mal 11 x 6 cm (Unterteil)*

Nähen

Die beiden Stoffstreifen an einer Längsseite (11 cm) zusammennähen.
Vorlage 6 auf die Rückseite des Stoffes übertragen, die Trennlinie zwischen Unterteil und Oberteil liegt dabei auf der Naht zwischen den beiden Streifen. Mit Nahtzugabe ausschneiden. Rechts auf rechts auf einen entsprechend großen Stoffrest legen, beides zusammen auf Volumenvlies. Ringsherum zusammennähen, dabei an der Unterkante ein Stück der Naht zum Wenden offen lassen. Volumenvlies bis kurz vor die Naht und die zweite Lage Stoff auf die Größe der Vorderseite zurückschneiden. Die Nahtzugabe in den Rundungen und Innenecken mehrfach bis kurz vor die Naht einschneiden. Den Anhänger wenden und die Wendeöffnung von Hand schließen.
Die gestrichelten Linien auf dem Oberteil mit dem wasserlöslichen Markierstift übertragen und mit Vorstichen nachnähen. Die Zackenlitze aufkleben und die Häkelblüte zusammen mit einer Perle aufnähen. Das weiße Satinband als Aufhänger oben annähen.

Wohnen mit romantischem Flair

Die Rose inspirierte zu dem nostalgisch
angehauchten Quilt, der mit Häkeldeckchen und
Spitzenmotiven zusätzlich verziert ist. Passende
Kissen vervollständigen die gemütliche Sitzecke.
Blickfang ist das verspielte Kissen mit Knöpfen.

Ein Herz für edles Leinen

Kissen mit Knopfherz · Größe: 30 x 40 cm (ohne Stehsaum) · Vorlage Nr. 7 auf Seite 72 · Schwierigkeitsgrad 💗

Material

· 0,35 m Leinen in Beige
· 0,15 m gestreifter Stoff
· 1 Reißverschluss, 35 cm lang
· viele verschiedene Knöpfe in Weiß, Rosa und Grau,
  3–20 mm Durchmesser
· wasserlöslicher Markierstift

Zuschneiden

In den Zuschnittmaßen ist eine Nahtzugabe
von 0,75 cm enthalten.
Leinen:
· 2-mal 31,5 x 41,5 cm
Gestreifter Stoff:
· 4-mal 31,5 x 55,5 cm

Nähen

Für Vorder- und Rückseite jeweils zwei Streifen an die Mittelteile aus Leinen nähen. Die Nähte mit Zickzackstich versäubern. Auf die Vorderseite mittig Vorlage 7 für das Herz mit einem wasserlöslichen Markierstift übertragen. Die Knöpfe innerhalb des markierten Herzens anordnen und aufnähen.
Den Reißverschluss zwischen Vorder- und Rückseite einnähen (siehe Nähworkshop, S. 68). Vorder- und Rückseite rechts auf rechts zusammennähen, den Reißverschluss dabei ein Stück geöffnet lassen und die Außenkanten ebenfalls versäubern. Das Kissen wenden und die Ecken herausarbeiten. Entlang der Naht zwischen Leinen und Streifenstoff absteppen.

Von Rosen verzaubert!

Quilt mit Rosenstoffen · Größe: 144 x 198 cm · Schwierigkeitsgrad 🐛🐛

Material

· je 45 cm von mindestens 9 verschiedenen
  Baumwollstoffen (gemustert und einfarbig)
  in den Farbstellungen Creme-Beige-Altrosa;
  gern auch mehr, hier wurden insgesamt
  14 verschiedene Stoffe verarbeitet
· 0,50 m gestreifter Stoff für die Einfassung
· 2,10 m Rückseitenstoff (150 cm Stoffbreite)
· 2,10 m Volumenvlies
· 9 Häkeldeckchen, 9–14 cm Durchmesser
· kleine Spitzenmotive

Zuschneiden

In den Zuschnittmaßen ist eine Nahtzugabe
von 0,75 cm enthalten.
Verschiedene Baumwollstoffe
(gemustert und einfarbig):
· 88 Quadrate von 19,5 x 19,5 cm
Gestreifter Stoff:
· 7 Streifen von 6,5 cm
  über die gesamte Stoffbreite

Nähen

Die zugeschnittenen Stoffe zu elf Reihen mit jeweils acht Quadraten auslegen. Beim Arrangieren am Foto orientieren oder die eigenen Stoffe nach Belieben auslegen. Die Quadrate zu Reihen aneinandernähen und die elf Reihen aneinandernähen. Volumenvlies und die Rückseite etwas größer als die Vorderseite zuschneiden. Die drei Lagen aufeinanderlegen und mit Sicherheitsnadeln fixieren. Im Schatten der Naht quilten.

Vlies und Rückseitenstoff auf die Maße der Vorderseite zurückschneiden. Für die Einfassung einen der Streifen quer halbieren und die beiden Teile jeweils an einen weiteren Streifen nähen. Damit ergeben sich die Einfassstreifen für die kürzeren Seiten. Aus den verbleibenden Streifen zweimal zwei Streifen für die langen Seiten aneinandernähen. Mit den Streifen rundum die Einfassung anbringen (siehe Näh-workshop, S. 68).

Die Häkeldeckchen
verteilen und von Hand
aufnähen. Auf die
Kreuzungspunkte
der Quadrate nach
Belieben kleine Spitzen-
motive aufnähen.

Romantisch mit Röschen

Dreistöckiges Törtchen · Größe: 10 cm Durchmesser · Vorlagen Nr. 8a+b auf Seite 74 · Schwierigkeitsgrad ❤

Material

· 0,15 m Stoff in Rosa gepunktet
· 0,15 m Stoff in Creme mit Rosen
· 0,10 m Stoff in Creme gepunktet
· Wollfilzreste in Beige und Brombeerfarben
· 0,35 m Zackenlitze in Weiß
· synthetische Füllwatte
· 1 Spule extrastarkes Garn in Altrosa
· Textilkleber

Zuschneiden

Die Vorlagen enthalten keine Nahtzugabe.

Törtchen

Die kreisförmigen Vorlagen 8a jeweils einmal auf
die Rückseite des entsprechenden Stoffes übertragen
und ringsherum zuzüglich Nahtzugabe ausschneiden.
Für die Rückseiten jeweils ein entsprechend großes
Stück Stoff zuschneiden.

Rose

Wollfilz in Brombeere:
· 1-mal 2 x 20 cm
Wollfilz in Beige:
· 2-mal Vorlage 8b ohne Nahtzugabe (Blatt)

Nähen

Für das **Törtchen** jeweils die beiden Stoffzuschnitte rechts auf rechts zusammenlegen und ringsherum mit kleinen Stichen (Stichlänge 1,5–2) zusammennähen.
Die Nahtzugabe ringsherum bis kurz vor die Naht einschneiden. In eine der
Stofflagen mittig einen Einschnitt zum Wenden machen. Wenden, mit Füllwatte
ausstopfen und die Wendeöffnung von Hand zunähen.

Vom extrastarken Garn etwa 2 m abschneiden. Das Garn einfädeln und die Enden
verknoten, so wird das Garn doppelt verarbeitet. Auf der Rückseite den Mittelpunkt markieren. Von dort aus die Nadel durch das Kissen auf die Vorderseite
führen. Einmal um die Außenkante herum wieder vom Mittelpunkt auf der Rückseite nach vorne stechen. Den Faden insgesamt sechsmal um die Außenseite
herumführen, sodass sechs gleichmäßige Segmente entstehen. Dabei den Faden
immer wieder fest anziehen und auf der Rückseite vernähen.

Auf diese Weise alle drei Teile nähen. Um das untere Teil die Zackenlitze kleben.
Die drei Etagen des Törtchens aufeinanderkleben und die Rose in die Mitte kleben.

Für die **Rose** den Filzstreifen vom schmalen Ende her ein wenig einrollen. Nach
2–3 cm den Streifen einmal locker nach außen verdrehen und weiter aufrollen.
Wieder verdrehen und weiter aufrollen. Den Vorgang ständig bis zum Ende des
Streifens wiederholen. Mit einem Faden durch das untere Ende der Rose nähen,
um die Form zu fixieren. Die beiden Blätter annähen. Die Rose mit etwas Textilkleber oben auf das Törtchen kleben.

Im englischen Landhausstil

Kissen mit Wellenrand · Größe: 40 x 40 cm (ohne Stehsaum) · Vorlage Nr. 9 auf Seite 73 · Schwierigkeitsgrad

Material

· 0,80 cm Stoff mit Rosen
· 0,55 cm Nessel
· 0,55 cm Volumenvlies
· Reißverschluss, 35 cm lang
· Maschinenquiltgarn in Beige
· wasserlöslicher Markierstift

Zuschneiden

In den Zuschnittmaßen ist eine Nahtzugabe
von 1 cm für den Reißverschluss enthalten,
die Vorlage enthält keine Nahtzugabe.
Stoff mit Rosen:
· 1-mal 55 x 55 cm (Kissenvorderseite)
· 1-mal 55 x 37 cm (Kissenrückseite)
· 1-mal 55 x 20 cm (Kissenrückseite)
· Für die Einfassung den Stoff im 45-Grad-Winkel
anschneiden und dann die weiteren Streifen
in 3,5 cm Breite im schrägen Fadenlauf schneiden.
Die Streifen zu einer Länge von ca. 3,8 m
zusammensetzen (siehe Nähworkshop, S. 69).

Nähen

Auf die Vorderseite die Quiltlinien mit dem wasserlöslichen Markierstift aufzeichnen. Dazu ein diagonales Gitter mit Linien im Abstand von 1 und 3 cm im Wechsel aufzeichnen. Volumenvlies und Rückseitenstoff etwas größer zuschneiden als die Vorderseite. Die drei Lagen aufeinanderlegen und mit Sicherheitsnadeln fixieren. Die gitterförmigen Linien mit dem Quiltgarn absteppen.

Für die Form des Kissens eine Zeitung vierteln, Vorlage 9 wie angegeben auf einem Fotokopierer vergrößern, übertragen und ausschneiden. So ergibt sich das Schnittmuster für die komplette Vorderseite des Kissens. Die Vorlage auf die Vorderseite übertragen und mit 5 mm Nahtzugabe ausschneiden.

Für die Rückseite den Reißverschluss zwischen die beiden Zuschnitte nähen (siehe Nähworkshop, S. 69). Vorder-und Rückseite links auf links aufeinanderlegen und knappkantig zum Fixieren aufeinandersteppen. Die Rückseite auf die Größe der Vorderseite zurückschneiden.

Den Streifen für die Einfassung der Länge nach links auf links zur Hälfte falten, sodass die rechte Stoffseite außen liegt. Den Streifen mit der offenen Stoffkante nach außen bündig an die Außenkante des Kissens legen und mit Stecknadeln fixieren. In den Innenecken den Streifen ein wenig einhalten. Ringsherum mit 5 mm Nahtzugabe annähen. Die Enden des Streifens auf die benötigte Länge kürzen und beim Annähen etwas übereinanderlegen.

Den Einfassstreifen so weit nach hinten umschlagen, dass die rückwärtige Naht verdeckt wird, und von Hand annähen.

Auf die Vorderseite mittig ein Quadrat von 40 x 40 cm zeichnen und absteppen.

Shabby-verliebt im Nähzimmer

Zauberhafte Inspirationen! Umgeben Sie sich mit reizvollen Kleinigkeiten, um schöne Dinge entstehen zu lassen, z. B. verzierte Nadelkissen, bezaubernde Schneiderpuppen im Miniformat oder mit Stoff bezogene Aufbewahrungsdosen.

Reine Formsache

Nadelkissen · Größe: ca. 7–10 cm Durchmesser · Schwierigkeitsgrad ❦

Material

- verschiedene Stoffreste
- synthetische Füllwatte
- Textilkleber
- Heißklebepistole
- Verzierungen, wie Spitze, Röschen, Perlen, Spitzenmotive u. Ä.
- alte Backförmchen oder Ausstechformen

Zuschneiden

Zum Anfertigen der Vorlage das Backförmchen umgekehrt auf ein Stück dünne Pappe legen und die Umrisse abzeichnen. Ringsherum eine Zugabe von 5 mm einzeichnen. Entlang der äußeren Kontur ausschneiden und als Schablone für die Füllung verwenden. In dieser Vorlage ist die Nahtzugabe noch nicht enthalten.
Für Backförmchen mit einem gewellten Rand eine Kreisform als Vorlage verwenden.

So wird's gemacht

Die Form mithilfe der Schablone auf die Rückseite des Stoffrests zeichnen und zuzüglich Nahtzugabe ausschneiden. Rechts auf rechts auf ein entsprechend großes Stück Stoff legen. Ringsherum mit kleinen Stichen (Stichlänge 2) zusammennähen. In eine der Stofflagen einen Einschnitt zum Wenden machen. Die zweite Lage Stoff auf die Größe der Vorderseite zurückschneiden. Die Nahtzugabe in den Rundungen mehrfach bis kurz vor die Naht einschneiden. Wenden, mit Füllwatte ausstopfen und die Wendeöffnung schließen.
Auf den Boden der Backform Heißkleber geben und das Stoffkissen in die Form drücken. Bei Ausstechförmchen zunächst das Kissen in die Form drücken und von der Unterseite aus mit Heißkleber fixieren.
Die Nadelkissen lassen sich auf verschiedene Weise verzieren, entweder Spitze um die Form legen und zu einer Schleife binden oder Spitzenmotive und Röschen mit Textilkleber aufkleben. Für die Rüsche zwischen Nadelkissen und Förmchen die Spitze mit einer Stopfnadel in den Zwischenraum drücken und an einigen Stellen mit Textilkleber fixieren. Bei Förmchen mit einem gewellten Rand lässt sich die Außenkante mit Perlen verzieren, indem jeweils eine Perle in eine Ausbuchtung genäht wird.

Tipp

Bei Ausstechformen können Sie die Unterseite mit einem entsprechenden Zuschnitt aus festerer Pappe abdecken.

Traumfigur

Schneiderbüste · Größe: 20 cm hoch (ohne Ständer) · Vorlage Nr. 10 auf Seite 75 · Schwierigkeitsgrad 🍎

Material

· 15 cm Leinen
· 30 cm Zackenlitze in Weiß
· 150 cm Spitze in Weiß, 5 cm breit
· Spitzenmotive
· 1 Häkelblüte in Weiß
· Dekostecknadeln
· 1 Paar Engelsflügel, ca. 12 cm groß
· 1 Holzständer
· 1 Holzstab, ca. 20 cm lang
· synthetische Füllwatte
· Textilkleber

Zuschneiden

Die Vorlage enthält keine Nahtzugabe.
Mit Vorlage Nr. 10 die Schablone für die Büste
anfertigen.

Nähen

Die Form mithilfe der Schablone auf die Rückseite des Leinens zeichnen und mit Nahtzugabe ausschneiden. Rechts auf rechts auf ein entsprechend großes Stück Leinen legen. Ringsherum mit kleinen Stichen (Stichlänge 2) zusammennähen, dabei an der unteren Kante ein Stück der Naht zum Wenden offen lassen. Die zweite Lage Stoff auf die Größe der Vorderseite zurückschneiden. Die Nahtzugabe in den Rundungen mehrfach bis kurz vor die Naht einschneiden. Die Büste wenden und mit Füllwatte ausstopfen. Den Holzstab in die Füllwatte schieben, mit etwas Klebstoff fixieren und die Wendeöffnung bis an den Stab zunähen. Die Spitzenmotive rings um den Halsausschnitt festkleben. Die Spitze in Falten legen und ca. 4 cm von der unteren Kante entfernt aufstecken. Ringsherum von Hand annähen. Über den Ansatz der Spitze die Zackenlitze kleben. Die Häkelblüte über die Zackenlitze kleben.

Den Holzstab in den Ständer schieben und mit Klebstoff fixieren. Nach Belieben eine Schleife aus Spitze um den Holzständer binden. In der Taille die Dekostecknadeln einstecken, um eine Korsage anzudeuten. Das Flügelpaar auf der Rückseite mit Stecknadeln fixieren.

Tipp

Anstelle der Zackenlitze können Sie auch eine zierliche Pomponborte über den Ansatz der Spitze kleben. Die Spitzenmotive am Halsausschnitt lassen sich durch Satinröschen oder eine schmale Spitze ersetzen.

Art. 300

C R
R C

1/2 Dtz.

Großmutters Ordnungshüter

Dosen für Nähzubehör · Größen: zwischen 4 und 21 cm hoch · Vorlage Nr. 11 auf Seite 73 · Schwierigkeitsgrad

Material

Für 1 hohe Dose

· 0,25 cm Stoff in Petrol gemustert
· 0,30 m Spitze in Weiß
· 0,30 m Satinband in Creme, 3 mm breit
· 1 m Paketband
· 1 Häkeldeckchen, 7 cm Durchmesser
· 1 Knopf
· Handstickgarn
· Textilkleber
· 1 leere Dose mit Plastikdeckel, z. B. von Stapelchips
  (21 cm hoch, 23,5 cm Umfang)

Zuschneiden

Die Zuschnittmaße beziehen sich auf die Dose mit Stapelchips. Bei anderen Dosen (z. B. für Cappuccino oder Nüsse) die Höhe ausmessen und zum Umfang 2 cm Nahtzugabe addieren.
Stoff in Petrol gemustert:
· 1-mal 21 x 25,5 cm

So wird's gemacht

Den Stoff um die Dose legen, die Enden übereinanderlegen. Am oben liegenden Stoff die Kante um 1 cm nach innen klappen und die beiden Stoffe mit kleinen Stichen zusammennähen. Die weiße Spitze an der unteren Kante, das Satinband an der oberen Kante aufkleben. Das Etikett (Vorlage 11) kopieren und mit einem schönen Schriftzug versehen. Für andere Dosengrößen die Vorlage entsprechend vergrößern. Das Etikett ausschneiden und aufkleben.
Das Häkeldeckchen auf den Deckel kleben. Mit einem spitzen Dorn entsprechend der Knopflöcher zwei Löcher im Deckel anbringen. Das Handstickgarn durch die Löcher im Knopf auf die Unterseite führen und dort verknoten. Das Paketband um die Dose legen und zu einer Schleife binden.

Tipp

Für noch mehr kreative Ordnung im Shabby-Stil können Sie einen alten Setzkasten oder eine alte Schublade (vom Flohmarkt) mit Stoffresten bekleben.

Alles im Rahmen

Pin „Garnrolle" mit Pinnwand · Größe: 4 x 5 cm · Vorlage Nr. 12 auf Seite 74 · Schwierigkeitsgrad ❦

Material

Für die Pins

· Stoffreste in Beige und in Blau oder Altrosa
· 10 cm Volumenvlies
· 10 cm Klebevlies zum beidseitigen Aufbügeln
· Knöpfe, ca. 1 cm Durchmesser
· Handstickgarn
· Textilkleber
· Wäscheklammern, 3,5 cm lang

Für die Pinnwand

· Hasendraht
· Bilderrahmen
· Tacker
· Acrylfarbe in Weiß, Pinsel
· Schleifpapier

Zuschneiden

Für 1 Pin

Die Vorlage enthält keine Nahtzugabe.
Mit Vorlage Nr. 12 die Schablonen
für die Garnrolle anfertigen.
Stoff in Blau oder Altrosa:
· 1-mal 5,5 x 7,5 cm
Klebevlies:
· 1-mal 2,5 x 7,5 cm

So wird's gemacht

Pin: Die Form mithilfe der Schablone auf die Rückseite des Stoffes in Beige zeichnen und mit Nahtzugabe ausschneiden. Rechts auf rechts auf ein entsprechend großes Stück Stoff legen, beides zusammen auf Volumenvlies. Ringsherum mit kleinen Stichen (Stichlänge 2) zusammennähen. Volumenvlies bis kurz vor die Naht und die zweite Lage Stoff auf die Größe der Vorderseite zurückschneiden. Die Nahtzugabe in den Rundungen mehrfach bis kurz vor die Naht einschneiden. In die oberste Stofflage einen Einschnitt zum Wenden machen. Die Garnrolle und die Wendeöffnung von Hand schließen.
Den Stoffstreifen für das Garn mit der linken Stoffseite nach oben legen. Beide Längskanten bis zur Mitte einklappen und bügeln. Den Streifen aufklappen und das Klebevlies einlegen. Erneut bügeln, um das Vlies zu fixieren. Um die Garnrolle legen und auf der Rückseite mit einigen Stichen von Hand fixieren. Den Knopf mit dem Handstickgarn aufnähen. Die Klammer auf die Rückseite kleben.

Pinnwand: Hasendraht in entsprechender Größe auf die Rückwand eines alten Bilderrahmens tackern. Rahmen und Draht mit weißer Acrylfarbe streichen. Nach dem Trocknen die Kanten des Rahmens etwas anschleifen.

Gesellig genießen in Pastell

Schaffen Sie eine freundliche Atmosphäre mit Huhn und Herz! Sanfte Farben und zarte Muster sogen für Harmonie. Kombinieren Sie nach Lust und Laune alte und neue Küchenhandtücher mit gemusterten Stoffen, Webbändern, Spitze und Zackenlitze.

Huhn Hilda

Deko-Huhn · Größe: 25 cm hoch · Vorlagen Nr. 13a+b auf Seite 76 und 13c–g auf Seite 77 · Schwierigkeitsgrad

Material

· 0,30 m Stoff in Rosa kariert
· 0,10 m Stoff in Rosa gepunktet
· Reste von verschiedenen Stoffen in Beige, Rosa und Pink
· 2 Knöpfe, 1 cm Durchmesser
· 2 Perlen in Schwarz, 3 mm Durchmesser
· synthetische Füllwatte
· Draht, 60 cm lang
· Reis

Zuschneiden

Die Vorlagen enthalten keine Nahtzugabe.
Stoff in Beige:
· 2-mal Vorlage 13a (Schnabel)
Stoff in Rosa kariert:
· 2-mal Vorlage 13b, davon 1-mal gegengleich (Körper)
· 1-mal Vorlage 13c (Boden)
Stoff in Rosa gepunktet:
· 4-mal Vorlage 13d, davon 2-mal gegengleich (Flügel)
Stoff in Pink:
· 2-mal Vorlage 13e, davon 1-mal gegengleich (Kamm)
verschiedene Stoffe:
· 8-mal Vorlage 13f, davon 4-mal gegengleich (Schwanzteil)
· 2-mal Vorlage 13g, davon 1-mal gegengleich (Kropf)

Nähen

Die Schnabelteile jeweils an ein Kopfteil nähen. Die beiden Körperteile entsprechend den Markierungen (x) an den Boden nähen. Die Körperteile aufeinanderlegen und ringsherum zusammennähen, die Wendeöffnung und die Öffnung für den Schwanz (o) offen lassen, wenden. Kopf und Hals fest mit Füllwatte ausstopfen. In den unteren Teil des Körpers Reis einfüllen, den Rest mit Füllwatte ausstopfen. Für den Schwanz je zwei Teile aufeinanderlegen und entlang der Rundungen zusammennähen. Durch die Öffnung an der geraden Kante wenden. Den Draht in vier Abschnitte von jeweils 15 cm teilen. Die Drahtstücke zur Hälfte biegen und in die Schwanzteile schieben. Nicht zu fest mit Füllwatte ausstopfen. Die vier Schwanzteile etwas übereinanderlegen, sodass sie der Öffnung entsprechen. Knappkantig aufeinandernähen, damit nichts verrutscht. Die Nahtzugabe entlang der Schwanzöffnung nach innen klappen. Die Schwanzteile zwischen die Stofflagen legen und die Öffnung von Hand schließen, dabei die einzelnen Schwanzteile mit festnähen. Den Körper komplett mit Füllwatte ausstopfen und die Wendeöffnung schließen. Für die Flügel je zwei Teile aufeinanderlegen und ringsherum zusammennähen. In eine der Stofflagen einen Einschnitt machen und die Flügel wenden. Parallel zur Außenkante mit großen Vorstichen umranden. Mit etwas Füllwatte ausstopfen und die Wendeöffnung schließen. Je einen Knopf aufnähen und die Flügel an den Körper nähen.
Für den Kamm die beiden Zuschnitte bis auf die Wendeöffnung zusammennähen. Wenden, die Nahtzugabe entlang der Wendeöffnung nach innen klappen. Mit etwas Füllwatte ausstopfen und von Hand auf den Kopf nähen.
Für den Kropf die beiden Zuschnitte zusammennähen, dabei ein kleines Stück der Naht zum Wenden offen lassen. Wenden, mit Füllwatte ausstopfen und die Wendeöffnung schließen. Den Kropf zur Hälfte zusammenklappen und an den Hals nähen. Die Perlen als Augen aufnähen.

Rosarot aufgetischt

Tischläufer · Größe: 38 x 66 cm · Schwierigkeitsgrad 🍏🍏

Material

· je 1 gestreiftes, kariertes und geblümtes
  Geschirrhandtuch
· je 15 cm von 3 verschieden gemusterten
  Baumwollstoffen in der Farbstellung Rosa-Weiß
· 0,45 m Rückseitenstoff in Weiß
· 0,45 m dünnes Volumenvlies
· 1,80 m Zackenlitze in Pink

Zuschneiden

In den Zuschnittmaßen ist eine Nahtzugabe
von 0,75 cm enthalten.
Gemusterte Stoffe und Geschirrtücher:
· 18 Quadrate von 11 x 11 cm (Mitte)
Geschirrtuch, geblümt:
· 2-mal 6,5 x 58,5 cm (Rand)
· 2-mal 6,5 x 40,0 cm (Rand)

Nähen

Die zugeschnittenen Stoffe zu drei Reihen mit jeweils sechs Quadraten auslegen. Beim Arrangieren an der Zeichnung unten orientieren oder die eigenen Stoffe nach Belieben auslegen. Die Quadrate zu Reihen aneinandernähen und die drei Reihen aneinandernähen.

Für den Rand die beiden längeren Streifen oben und unten annähen, die beiden kürzeren Streifen rechts und links.

Volumenvlies und die Rückseite aus weißem Stoff etwas größer als die Vorderseite zuschneiden. Vorder- und Rückseite rechts auf rechts aufeinanderlegen, beides zusammen auf das Volumenvlies stecken. Ringsherum zusammennähen, dabei an einer Längskante ein Stück der Naht zum Wenden offen lassen. Das Volumenvlies entlang der Naht bis kurz vor die Naht zurückschneiden, den Rückseitenstoff auf die Größe der Vorderseite schneiden.

Den Läufer wenden und bügeln. Entlang der Quadrate im Schatten der Naht quilten. Rings um die Mitte die Zackenlitze aufsteppen.

Herz an Herz

Herzkette · Größe: 30 x 10 cm · Vorlage 14 auf Seite 75 · Schwierigkeitsgrad 🍃

Material

· 15 cm Stoff in Beige
· 90 cm Satinband in Rosa
· 75 cm dünne Kordel in Weiß
· 5 Knöpfe in Weiß, 5 mm Durchmesser
· 6 Perlen in Weiß, 1 cm Durchmesser
· synthetische Füllwatte

Zuschneiden

Die Vorlage enthält keine Nahtzugabe.
Mit Vorlage Nr. 14 die Schablone
für das Herz anfertigen.

Tipp

Verwenden Sie zum Auffädeln der Herzen eine
sehr lange Sticknadel oder eine sogenannte Puppen-
nadel, wie sie zum Herstellen von Waldorfpuppen
verwendet wird.

Nähen

Das Herz mithilfe der Schablone fünfmal auf die Rückseite des Stoffes zeichnen
und mit Nahtzugabe ausschneiden. Rechts auf rechts auf ein entsprechend großes
Stück Stoff legen. Ringsherum mit kleinen Stichen (Stichlänge 1,5) zusammennähen, dabei ein Stück der Naht zum Wenden offen lassen. Die zweite Lage Stoff
auf die Größe der Vorderseite zurückschneiden. Die Nahtzugabe in den Rundungen mehrfach bis kurz vor die Naht einschneiden. Die Herzen wenden, mit Füllwatte ausstopfen und die Wendeöffnung von Hand schließen.
Das Satinband in fünf Abschnitte von je 18 cm teilen. Daraus kleine Schleifen
formen und zusammen mit einem Knopf auf die Herzen nähen. Herzen und
Perlen abwechselnd auf die Kordel fädeln. An die beiden Enden der Kordel je eine
Schlaufe legen und festknoten.

Harmonie in Streifen

Kissen aus Streifen · Größe: 40 x 60 cm · Schwierigkeitsgrad 🍏

Material

· je 1 gestreiftes, kariertes und geblümtes Geschirrhandtuch
· 0,10 m Stoff in Rosa-Weiß, gepunktet
· 0,15 m Stoff in Rosa-Weiß, groß kariert
· 0,20 m Stoff in Rosa-Weiß, klein kariert
· 0,45 m Rückseitenstoff in Weiß
· je 0,45 m Zackenlitze in Pink und Weiß
· 0,45 m Spitze in Weiß, ca.4 cm breit
· 1 Reißverschluss, 50 cm lang

Zuschneiden

Die Nahtzugabe von 0,75 cm ist in den
Zuschnittmaßen enthalten.
Geschirrtuch, gestreift:
· 1-mal 41,5 x 8,5 cm (1. Streifen)
· 1-mal 41,5 x 5,5 cm (6. Streifen)
Stoff in Rosa-Weiß, gepunktet:
· 1-mal 41,5 x 7,5 cm (2. Streifen)
Geschirrtuch, kariert:
· 1-mal 41,5 x 11,5 cm (3. Streifen)
Stoff in Rosa-Weiß, groß kariert:
· 1-mal 41,5 x 8,5 cm (4. Streifen)
Geschirrtuch, geblümt:
· 1-mal 41,5 x 13,5 cm (5. Streifen)
Stoff in Rosa-Weiß, klein kariert:
· 1-mal 41,5 x 15,5 cm (7. Streifen)
Stoff in Weiß:
· 1-mal 41,5 x 61,5 cm (Rückseite)

Nähen

Die sieben Streifen der Reihe nach aneinandernähen und die Nähte mit Zickzack-stich versäubern. Zackenlitze und Spitze aufsteppen, dabei am Foto orientieren. Den Reißverschluss zwischen Vorder- und Rückseite einnähen (siehe Nähworkshop, S. 68). Vorder- und Rückseite rechts auf rechts zusammennähen, den Reißver-schluss dabei ein Stück geöffnet lassen und die Außenkanten ebenfalls versäubern. Das Kissen wenden und die Ecken herausarbeiten.

Tipp

Aus den Resten der Geschirrtücher lassen sich noch weitere Kissen in verschiedenen Größen nähen.

Jeder Tag ein Fest!

Torte · Größe: 22 cm Durchmesser · Vorlage 5 auf Seite 72 · Schwierigkeitsgrad 🍏

Material

· 1 Geschirrhandtuch, gestreift
· 0,25 m Stoff in Rosa mit Punkten
· 0,60 m Volumenvlies zum Aufbügeln
· 0,70 m breite Zackenlitze in Rosa
· 0,70 m schmale Zackenlitze in Weiß
· 0,50 m Spitze in Weiß, 4–5 cm breit
· 1 Pompon in Rosa
· synthetische Füllwatte, Textilkleber

Zuschneiden

Die Nahtzugabe (0,75 cm) ist in den Zuschnittmaßen und in der Vorlage enthalten.
Geschirrhandtuch:
· 1-mal 70 x 10 cm (Rand)
Stoff in Rosa mit Punkten:
· 2-mal 15 x 25 cm (Boden)
Volumenvlies:
· 1-mal 70 x 10 cm
· 2-mal 15 x 25 cm
Für den Boden eine Zeitung vierteln, den Viertelkreis der Vorlage 5 übertragen und ausschneiden. Durch Falten den Papierkreis in vier gleichmäßige Segmente unterteilen und diese auf dem äußeren Rand markieren. Den Kreis auf die Rückseite des Stoffes in Rosa mit Punkten aufzeichnen, die Markierungen ebenfalls übertragen und ohne Nahtzugabe ausschneiden.

Nähen

Für die Tortendecke aus dem Volumenvlies einen Kreis in der Größe des Stoffzuschnitts ausschneiden. Auf die Rückseite aller Stoffteile die entsprechenden Zuschnitte aus Volumenvlies bügeln.
Auf den Randstreifen 3 cm von der unteren Kante entfernt die Zackenlitze in Rosa aufsteppen. Den Streifen rechts auf rechts zum Ring nähen und die Nahtzugabe auseinanderbügeln. Den Ring ebenfalls in vier gleichmäße Abschnitte unterteilen und auf beiden Längsseiten markieren. Den Rand entsprechend der Markierungen an den Deckel stecken. Dabei darauf achten, dass die Markierungen übereinanderliegen. Ringsherum annähen.
Die beiden Bodenteile entlang der Längskante rechts auf rechts zusammennähen, dabei in der Mitte ca. 15 cm der Naht zum Wenden geöffnet lassen. Die Nahtzugabe auseinanderbügeln. Die Kreisform inklusive der Markierungen übertragen und ohne Nahtzugabe ausschneiden. Den Boden in den Rand einsetzen. Die Nahtzugabe entlang der Rundungen im Abstand von ca. 5 mm bis kurz vor die Naht einschneiden. Die Torte wenden, nicht zu prall mit Füllwatte ausstopfen und die Wendeöffnung schließen. Durch das aufgebügelte Volumenvlies hat die Torte genügend Standfestigkeit.
Die weiße Zackenlitze entlang der Tortendecke aufkleben. Für den Sahnetuff die Spitze an einer Längskante mit groben Stichen heften. Den Faden zusammenziehen, sodass eine Rosette entsteht und das untere Ende mit dem Faden zusammennähen. Die Rosette zusammen mit dem Pompon aufkleben.

Träumen in harmonischem Ambiente

Weißwäsche und alte Bettwäsche kommen zu neuen Ehren. Sie werden ergänzt mit farblich passenden Stoffen und schaffen so eine romantische Atmosphäre im Schlafzimmer. Mit Jo-Jos in verschiedenen Größen können Sie Akzente setzen.

Schmucke Präsentation

Pinnwand für Schmuck · Größe: 35 x 40 cm · Schwierigkeitsgrad 🫐

Material

· 50 cm Stoff in Blau kariert
· Stoffreste in Blau und Weiß
· 30 cm Volumenvlies
· 60 cm Spitze in Weiß
· 1 Bilderrahmen, Ausschnitt 25 x 30 cm

Zuschneiden

Stoff im schrägen Fadenlauf:
· 1-mal 55 x 60 cm
Volumenvlies:
· 2-mal 30 x 35 cm

So wird's gemacht

Die Rückwand aus dem Bilderrahmen entfernen. Die beiden Lagen Volumenvlies mit etwas Kleber aufeinander fixieren und beide zusammen auf die Rückwand des Bilderrahmens kleben. Ringsherum bündig zur Außenkante der Rückwand abschneiden. Den Stoff über das Volumenvlies legen und entlang der Längskanten auf die Rückseite klappen. Mit langen Spannstichen den Stoff straff spannen. Entlang der kurzen Kanten ebenso verfahren. Die Spitze in zwei Abschnitte teilen. Mit Stecknadeln auf dem Stoff fixieren und mit kleinen Stichen von Hand aufnähen. Die bezogene Rückwand wieder im Bilderrahmen fixieren.
Für die Jo-Jos drei Stoffkreise zuschneiden mit 5, 7 und 10 cm Durchmesser. Die Außenkante der Kreise ca. 0,5 cm auf die linke Stoffseite legen und entlang des Stoffbruchs mit Vorstichen heften. Dabei den Anfang mit einem Knoten und einem Rückstich sichern. Ist der Ausgangspunkt wieder erreicht, vorsichtig am Faden ziehen, sodass sich der Kreis zusammenzieht. Das Fadenende vernähen und die Jo-Jos aufkleben.

Mit zarter Spitze

Material

· *1 alter Kissenbezug in Weiß mit Häkelspitze*
· *15 cm Stoff in Hellblau gemustert*
· *15 cm Stoff in Blau geblümt*

Zuschneiden

*In den Zuschnittmaßen ist eine Nahtzugabe
von 0,75 cm enthalten.*
Stoff in Blau geblümt:
· *1-mal 20 x 20 cm, diagonal halbieren*
Stoff in Hellblau gemustert:
· *2-mal 5 x 55 cm*
· *1-mal 3,5 x 50 cm*
Kissenbezug in Weiß:
· *2-mal 5,5 x 55 cm*
· *1-mal 11 x 60 cm (mit aufgesetzter Häkelspitze)*
· *1-mal 20 x 20 cm, diagonal halbieren*
· *2-mal 6,5 x 40 cm (Einfassung)*
· *2-mal 6,5 x 36 cm (Einfassung)*
· *Kissenrückseite: Die Rückseite in der gleichen Größe
  zuschneiden wie die fertige Vorderseite. Dazu
  entweder die Rückseite des Kissenbezugs mit der
  fertigen Knopfleiste verwenden oder eine Rückseite
  mit Hotelverschluss arbeiten.*

Nähen

Die Streifen rechts auf rechts zu einem Streifenset aneinandernähen (siehe Zeichnung 1) und die Nähte mit Zickzackstich versäubern.

Die Vorderseite diagonal zum Fadenlauf auf das exakt benötigte Maß von 40 x 30 cm ausschneiden (siehe Zeichnung 2). Die Rückseite links auf links darüberlegen und zum Fixieren knappkantig annähen.

Mit den Einfassstreifen die offenen Kanten einfassen (siehe Nähworkshop, S. 68).

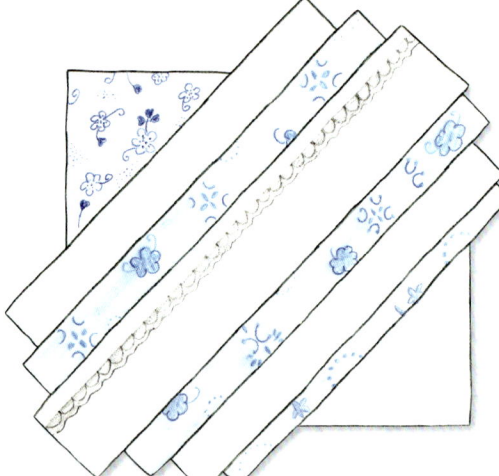
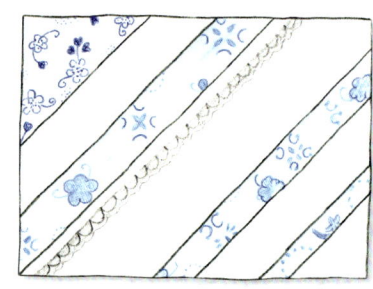

Aparte Akzente

Quilt mit Jo-Jos · Größe: 180 x 200 cm · Schwierigkeitsgrad ❦❦

Material

· *2 weiße Bettbezüge aus Damast*
· *je 50 cm von 6 verschieden gemusterten Baumwollstoffen*
  in den Farbstellungen Hellblau-Blau-Weiß
· *75 cm Stoff in Blau kariert*
· *2 m Volumenvlies in Überbreite*
· *7,50 m Zackenlitze in Hellblau*

Zuschneiden

In den Zuschnittmaßen ist eine Nahtzugabe
von 0,75 cm enthalten.
Damast in Weiß:
· *1-mal 126 x 146 cm (Mitte)*
· *2-mal 27 x 151 cm (Randstreifen)*
· *2-mal 27 x 181 cm (Randstreifen)*
Aus den gemusterten Stoffen Streifen mit 40 cm Länge
und folgenden Breiten schneiden:
· *Streifen 1 und 2 in 5 cm Breite*
· *Streifen 6 und 9 in 6 cm Breite*
· *Streifen 3, 5 und 8 in 7 cm Breite*
· *Streifen 4 in 18 cm Breite*
· *Streifen 7 in 15 cm Breite*
· *Streifen 10 in 14 cm Breite*
Aus Stoff in Blau kariert zwölf Schrägstreifen mit 6,5 cm
Breite zuschneiden (siehe Nähworkshop, S. 69). Jeweils
drei Streifen für die Einfassung aneinandernähen.

Nähen

Die zugeschnittenen Streifen zu einem Streifenset aneinandernähen. Daraus acht
Abschnitte mit 4 cm Breite schneiden (siehe Zeichnung). Je zwei Streifen zu einem
langen Streifen aneinandernähen, sodass insgesamt vier Streifen aus gemusterten
Stoffen entstehen. Die Streifen auf die exakt erforderliche Länge zurechtschneiden:
zweimal auf 146 cm Länge und zweimal auf 131 cm Länge.
An das Mittelteil aus weißem Stoff die beiden längeren Streifen rechts und links
annähen, die beiden kürzeren Streifen oben und unten. Die kürzeren Randstreifen
aus weißem Stoff rechts und links annähen, die längeren oben und unten.
Vlies und Rückseitenstoff etwas größer zuschneiden als die Vorderseite. Die Rückseite dazu aus der weißen Bettwäsche zusammensetzen. Die drei Lagen aufeinanderlegen und mit Sicherheitsnadeln fixieren. Das Mittelteil mit diagonalen Linien
quilten, den breiten Rand mit parallelen Linien. Die Zackenlitze parallel zum
Mittelteil aufsteppen.
Mit den Einfassstreifen die offenen Kanten einfassen (siehe Nähworkshop, S. 68).

Für die Jo-Jos aus den blau gemusterten Stoffen je 15 Stoffkreise mit 5, 7, 10 und
13 cm Durchmesser zuschneiden. Die Jo-Jos anfertigen wie bei der Pinnwand
beschrieben (siehe Seite 54) und auf den Quilt nähen.

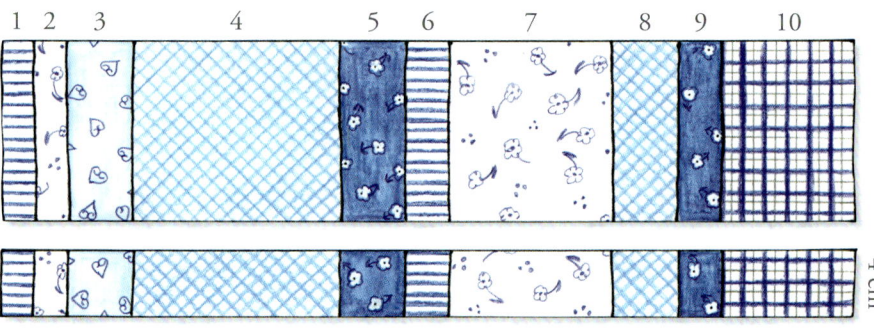

Herzallerliebst!

Herz mit Spitze · Größe: 10 x 18 cm · Vorlage Nr. 15 auf Seite 75 · Schwierigkeitsgrad 🍃

Material

Für ein Herz

· 15 cm Stoff in Blau-Weiß gemustert
· Stoffrest in Blau-Weiß gemustert
· 40 cm Spitze in Weiß, 3 cm breit
· 40 cm dünne Kordel in Weiß
· synthetische Füllwatte

Zuschneiden

Die Vorlage enthält keine Nahtzugabe.
Mit Vorlage Nr. 15 die Schablone anfertigen.

Nähen

Das Herz mithilfe der Schablone auf die Rückseite des Stoffes zeichnen und mit Nahtzugabe ausschneiden. Rechts auf rechts auf ein entsprechend großes Stück Stoff legen. Ringsherum mit kleinen Stichen (Stichlänge 2) zusammennähen, dabei ein Stück der Naht zum Wenden offen lassen. Die zweite Lage Stoff auf die Größe der Vorderseite zurückschneiden. Die Nahtzugabe in den Rundungen mehrfach bis kurz vor die Naht einschneiden. Das Herz wenden, mit Füllwatte ausstopfen und die Wendeöffnung von Hand schließen.
Die Spitze um das Herz legen und auf der Rückseite zusammennähen. Entlang der Seitennähte mit einigen Stichen von Hand fixieren.
Für den Jo-Jo aus dem Stoffrest einen Kreis mit 7 cm Durchmesser schneiden.
Den Jo-Jo anfertigen wie bei der Pinnwand beschrieben (siehe S. 54) und auf die Spitze nähen.
Aus der Kordel einen Anhänger formen und annähen.

Anhänglicher Piepmatz

Vogelanhänger · Größe: 10 x 7 cm · Vorlagen Nr. 16a+b auf Seite 70 · Schwierigkeitsgrad 🍓

Material

· *10 cm Stoff in Blau-Weiß gemustert*
· *Reste von Wollfilz in Weiß*
· *15 cm dünne Kordel in Weiß*
· *2 Knöpfe, 10 mm Durchmesser*
· *Stoffmalfarbe in Anthrazit, kleiner Pinsel*

Zuschneiden

Die Vorlagen enthalten keine Nahtzugabe.
Mit den Vorlagen 16a+b die Schablonen
für den Vogel und das Herz anfertigen.

Nähen

Den Vogel mithilfe der Schablone auf die Rückseite des Stoffes zeichnen und mit Nahtzugabe ausschneiden. Rechts auf rechts auf ein entsprechend großes Stück Stoff legen. Ringsherum mit kleinen Stichen (Stichlänge 1,5) zusammennähen, dabei ein Stück der Naht zum Wenden geöffnet lassen. Die zweite Lage Stoff auf die Größe der Vorderseite zurückschneiden. Die Nahtzugabe in den Rundungen mehrfach bis kurz vor die Naht einschneiden. Den Vogel wenden, mit Füllwatte ausstopfen und die Wendeöffnung von Hand schließen.

Die herzförmigen Flügel mithilfe der Schablone zweimal auf den Wollfilz übertragen (siehe Nähworkshop, S. 68) und ohne Nahtzugabe ausschneiden. Die beiden Flügel zusammen mit den Knöpfen aufnähen. Augen und Schnabel mit Stoffmalfarbe aufmalen.

Aus der Kordel einen Anhänger formen und annähen.

Zauberhaft mit Rüsche

Kissen mit Rüsche · Größe: 35 x 35 cm (ohne Rüsche) · Schwierigkeitsgrad 🦋🦋

Material

· *2 alte Kissenbezüge in Weiß, davon 1 mit Spitze und Stickerei*
· *10 cm Stoff in Blau kariert*
· *15 cm Stoff in Blau geblümt*

Zuschneiden

In den Zuschnittmaßen ist eine Nahtzugabe von 0,75 cm enthalten.
Kissenbezüge in Weiß:
· *1-mal 40 x 40 cm, diagonal halbieren*
· *10 x 210 cm im diagonalen Fadenlauf (Rüsche): Dazu mehrere Streifen in 10 cm Breite schneiden und zur entsprechenden Länge aneinanderfügen.*
Stoff in Blau kariert:
· *1-mal 5 x 50 cm*
Stoff in Blau geblümt:
· *1-mal 12 x 50 cm*
Kissenrückseite: Die Rückseite in der gleichen Größe zuschneiden wie die fertige Vorderseite. Dazu entweder die Rückseite des Kissenbezugs mit der fertigen Knopfleiste verwenden oder eine Rückseite mit Hotelverschluss arbeiten.

Nähen

Für die Vorderseite die Streifen zwischen die diagonalen Schnittkanten der beiden weißen Dreiecke nähen und die Nähte mit Zickzackstich versäubern. Daraus ein Quadrat von 41,5 x 41,5 cm schneiden. Die oberen Ecken der Vorderseite mithilfe eines Glases (ca. 4 cm Durchmesser) abrunden.
Für die Rüsche den Streifen rechts auf rechts zusammenlegen und entlang der beiden kurzen Kanten nähen. Aufklappen, links auf links zur Hälfte zusammenfalten und entlang der offenen langen Kante einkräuseln (siehe Nähworkshop, S. 69). Die Rüsche auf den Umfang von drei Seiten raffen. Rechts auf rechts auf die Vorderseite des Kissens stecken. Zum Fixieren knappkantig aufnähen. Die Rückseite rechts auf rechts darüberlegen und annähen. Die Naht mit Zickzackstich versäubern. Die Kissenhülle wenden und bügeln.

Häuschen für Traumgäste

Vogelhaus · Größe: 11 und 16 cm hoch · Vorlage Nr. 17a+b auf Seite 74 · Schwierigkeitsgrad 🦋🦋

Material

Für ein kleines Vogelhaus
· *20 cm Stoff in Blau-Weiß gemustert*
· *10 cm Stoff in Blau-Weiß gestreift*
· *Stoffrest in Blau-Weiß kariert*
· *30 cm Zackenlitze in Weiß*
· *60 cm Spitze in Weiß, 1 cm breit*
· *10 cm dünnes Volumenvlies*
· *Textilkleber*
· *synthetische Füllwatte, Reis*

Zuschneiden

Die Nahtzugabe (0,75 cm) ist in den Zuschnittmaßen enthalten, die Vorlage enthält keine Nahtzugabe.
Für die Schablone Vorlage 17a 2-mal kopieren und aneinanderkleben (siehe Schemazeichnung 17b).
Stoff in Blau-Weiß gestreift:
· *2-mal 8 x 17 cm (Dach)*

Tipp

Für ein großes Vogelhaus die Vorlage vergrößern. Daraus ergibt sich ein größerer Materialverbrauch. Das Vogelhaus nähen, wie beim kleinen Haus beschrieben.

Nähen

Die Form für das Haus mithilfe der Schablone auf die Rückseite des Stoffes zeichnen und mit Nahtzugabe ausschneiden. Die Seitennaht entlang der Hauskante schließen. Für den Boden zunächst die beiden gegenüberliegenden diagonalen Nähte schließen. Danach die anderen beiden diagonalen Nähte in einem Arbeitsgang zusammennähen.

Für das Dach jeweils an ein Giebelteil die beiden gegenüberliegenden Dachteile nähen. Wenden und durch die noch offene Naht zwischen beiden Dachteilen etwas Reis einfüllen. So bekommt das Haus die nötige Standfestigkeit. Das Haus mit Füllwatte ausstopfen und die Wendeöffnung schließen.

Für das aufgesetzte Stoffdach die beiden Zuschnitte rechts auf rechts aufeinanderlegen, beide zusammen auf ein Stück Volumenvlies stecken. Ringsherum zusammennähen, dabei ein Stück der Naht zum Wenden offen lassen. Volumenvlies bis kurz vor die Naht zurückschneiden, wenden und die Wendeöffnung schließen. Die Spitze ringsherum aufsteppen.

Für den Jo-Jo aus dem Stoffrest einen Stoffkreis mit 7 cm Durchmesser zuschneiden. Daraus einen Jo-Jo nähen, wie bei der Pinnwand beschrieben (siehe S. 54), und auf das Haus kleben. Die Zackenlitze rings um das Haus aufkleben.

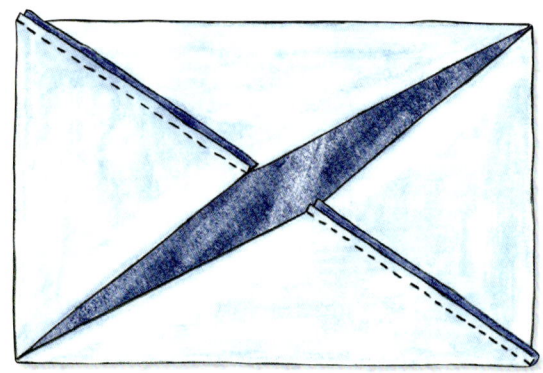

Nähworkshop

Applikationen mit Wollfilz

Wollfilz kann gewaschen werden und lässt sich hervorragend mit Stoff kombinieren. Diese Art der Applikation eignet sich für Motive, die als Vorlagen auf Schablonen übertragen werden. Als Schablonenmaterial dient ein Stickvlies zum Aufbügeln, das mit einer speziellen Bügelbeschichtung versehen ist. Der Kleber entfaltet nur eine schwache Klebekraft und lässt sich rückstandslos entfernen.

So wird es gemacht

Die Motive auf das Stickvlies aufzeichnen, grob ausschneiden und auf den Wollfilz bügeln. Beide Lagen zusammen exakt auf der aufgezeichneten Kontur ausschneiden. Das Stickvlies von der Oberseite abziehen und die Filzmotive mit wenig Textilkleber auf dem Trägerstoff fixieren.

Reißverschluss einsetzen

Zum Einsetzen des Reißverschlusses wird eine Nahtzugabe von 1 cm benötigt. Die meisten Nähmaschinen verfügen über einen speziellen Nähfuß, der das Einnähen erleichtert. Dazu im Handbuch der Nähmaschine nachschauen. Üblicherweise erfolgt das Einnähen mit farblich passendem Garn.

So wird es gemacht

Die beiden Stoffzuschnitte an der Kante für den Reißverschluss mit Zickzackstich versäubern. Jeweils parallel zu dieser Kante eine

Linie im Abstand von 1 cm mit wasserlöslichem Markierstift aufzeichnen. Entlang dieser Linie die Nahtzugabe für den Reißverschluss auf die linke Seite klappen und heften.

Den Reißverschluss unter den Stoff heften, sodass die Zähnchen dicht an der Stoffkante liegen, und mithilfe des entsprechenden Nähfußes einnähen.

Nach dem Nähen die Heftfäden entfernen.

Einfassungen

Mit der Einfassung werden die äußeren offenen Stoffkanten versäubert. Eine füßchenbreite Einfassung von 0,75 cm wird aus Streifen in 6,5 cm Breite gearbeitet.

So wird es gemacht

Vier Streifen in der entsprechenden Breite zuschneiden, davon zwei Streifen genauso lang wie die Seitenlänge der längeren Kanten. Die Streifen der Länge nach links auf links zur Hälfte falten, sodass die rechte Stoffseite außen liegt. Die Streifen mit den offenen Kanten nach außen bündig an zwei gegenüberliegende Außenkanten der Oberseite anlegen, mit Stecknadeln fixieren und annähen.

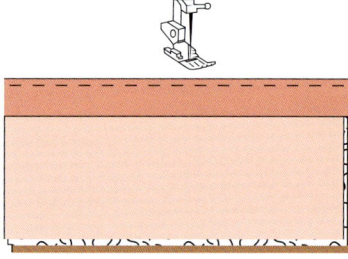

Die beiden Einfassungen so weit nach hinten umschlagen, dass die rückwärtige Naht verdeckt wird. Mit Stecknadeln fixieren. Die zwei Streifen für die beiden kurzen Seiten ca. 3 cm länger als die entsprechende Seitenlänge zuschneiden. Ebenfalls zur Hälfte falten und bündig an die anderen zwei gegenüberliegenden Außenkanten stecken. Die 1,5 cm, die an jeder Seite überstehen, um die Ecken herum nach hinten schlagen. Füßchenbreit annähen.

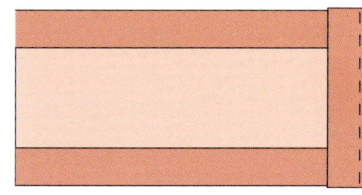

Die Nahtzugabe in den Ecken etwas zurückzuschneiden. Die zwei angenähten Steifen ebenfalls so weit nach hinten umschlagen, dass die rückwärtige Naht verdeckt wird. Mit Stecknadeln fixieren und im Nahtschatten der Vorderseitennaht alle vier Streifen der Einfassung von Hand annähen.

Schrägstreifen

Schrägstreifen verlaufen im diagonalen Fadenlauf. Durch den schrägen Fadenlauf wird der Stoff sehr dehnbar und eignet sich gut zur Einfassung von Kanten und Rundungen. Industriell vorgefertigtes Schrägband gibt es in vielen Farben und Mustern, es verfügt über vorgebügelte Falzungen, die das Annähen als Einfassung erleichtern.

So wird es gemacht

Den Stoff glatt auf der Schneidematte auslegen. Das Schneidelineal im 45-Grad-Winkel zur Stoffkante anlegen und den Stoff mit dem Rollschneider schneiden. Die meisten Lineale verfügen über eine entsprechende Gradeinteilung.
Von dieser Schnittkante aus die weiteren Streifen in der benötigten Breite schneiden.

Wird längeres Schrägband benötigt, als es die Länge des Stoffes ermöglicht, mehrere Streifen der gleichen Breite zuschneiden. Um die Elastizität zu erhalten, werden die Streifen ebenfalls im 45-Grad-Winkel aneinandergenäht. Ggf. im Abstand von 0,75 cm zur Kante eine Linie als Nähhilfe einzeichnen.

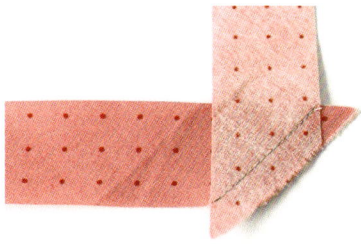

Die Nahtzugaben auseinanderbügeln und begradigen.

Rüschen nähen

Eingenähte Rüschen werden häufig an der Außenkante eines Kissens verwendet. Sie werden in der Naht mitgefasst. Für eine Kissen-Rüsche zunächst den Umfang des Kissens ausmessen und diesen mit 2 multiplizieren.

So wird es gemacht

Eingenähte Rüschen aus einer doppelten Stofflage können im geraden oder schrägen Fadenlauf geschnitten werden. Den Streifen

in der gewünschten Breite zuschneiden. Links auf links zur Hälfte zusammenfalten und entlang der offenen Kanten einkräuseln. Zum Einkräuseln die Oberfadenspannung lockern, so lässt sich der Unterfaden (am besten reißfestes Garn) später leichter anziehen. Die Stichlänge möglichst groß einstellen (ca. 5) und knappkantig parallel zur Außenkante zwei Heftnähte nähen.

Die Rüsche auf den benötigten Umfang raffen. Dazu an den beiden Unterfäden ziehen und so die Weite einkräuseln. Die Unterfäden verknoten, um die Kräuselung zu fixieren.

Die Rüsche rechts auf rechts auf die Kissenvorderseite stecken. Zum Fixieren knappkantig aufnähen. Die Rückseite rechts auf rechts darüberlegen, annähen und das Kissen wenden.

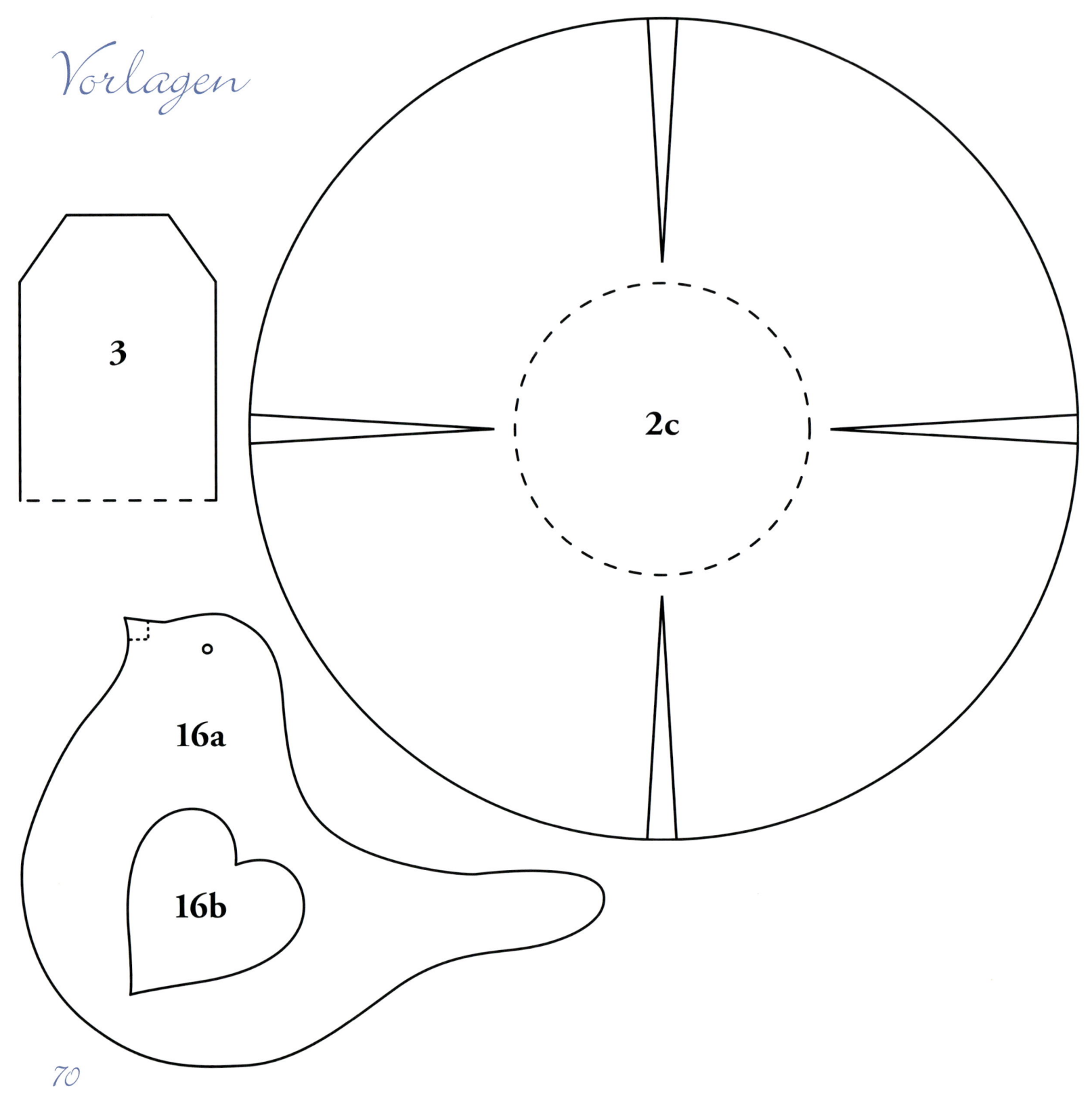

Vorlagen

3

2c

16a

16b

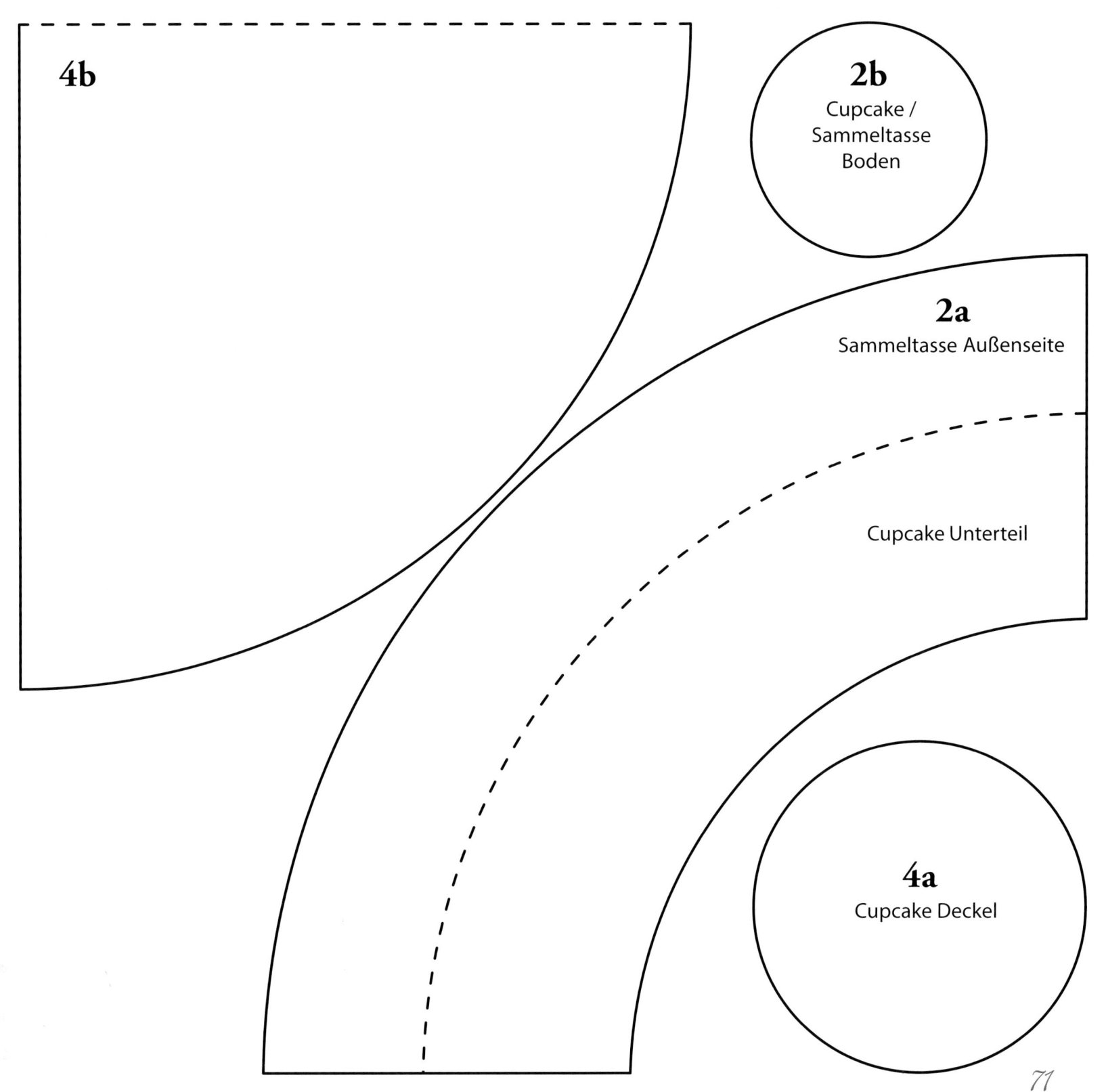

4b

2b
Cupcake /
Sammeltasse
Boden

2a
Sammeltasse Außenseite

Cupcake Unterteil

4a
Cupcake Deckel

71

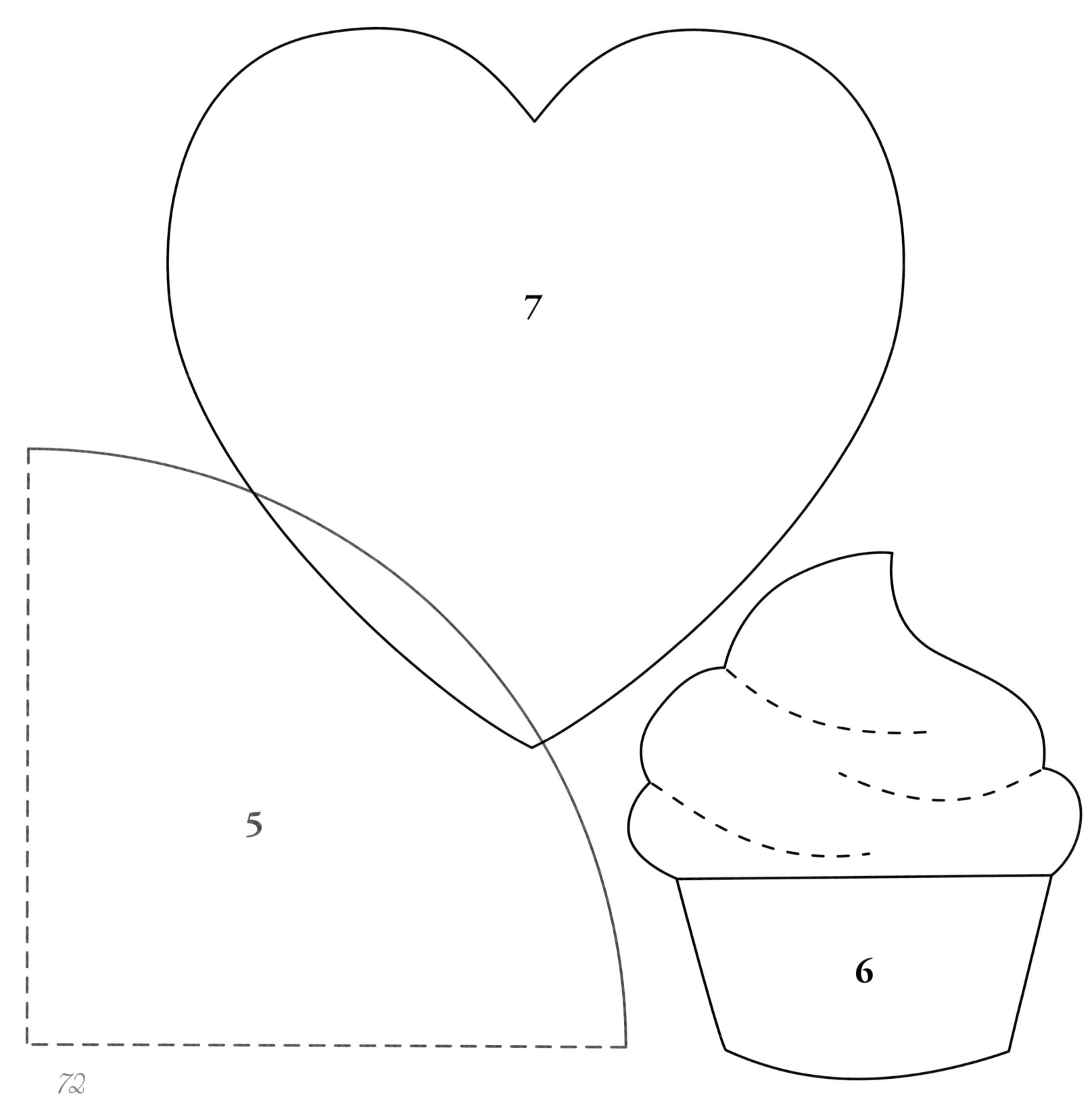

7

5

6

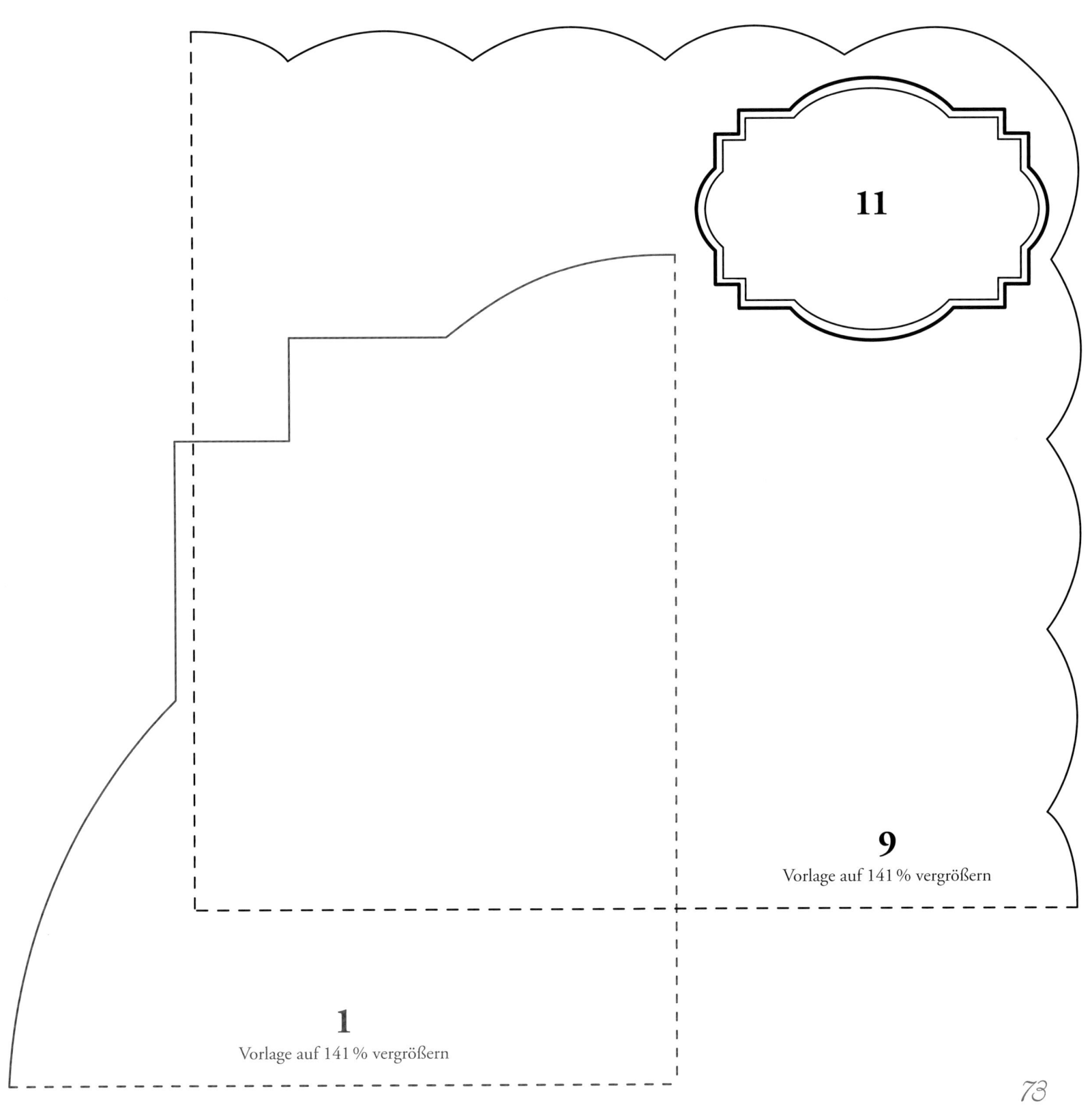

11

9
Vorlage auf 141 % vergrößern

1
Vorlage auf 141 % vergrößern

73

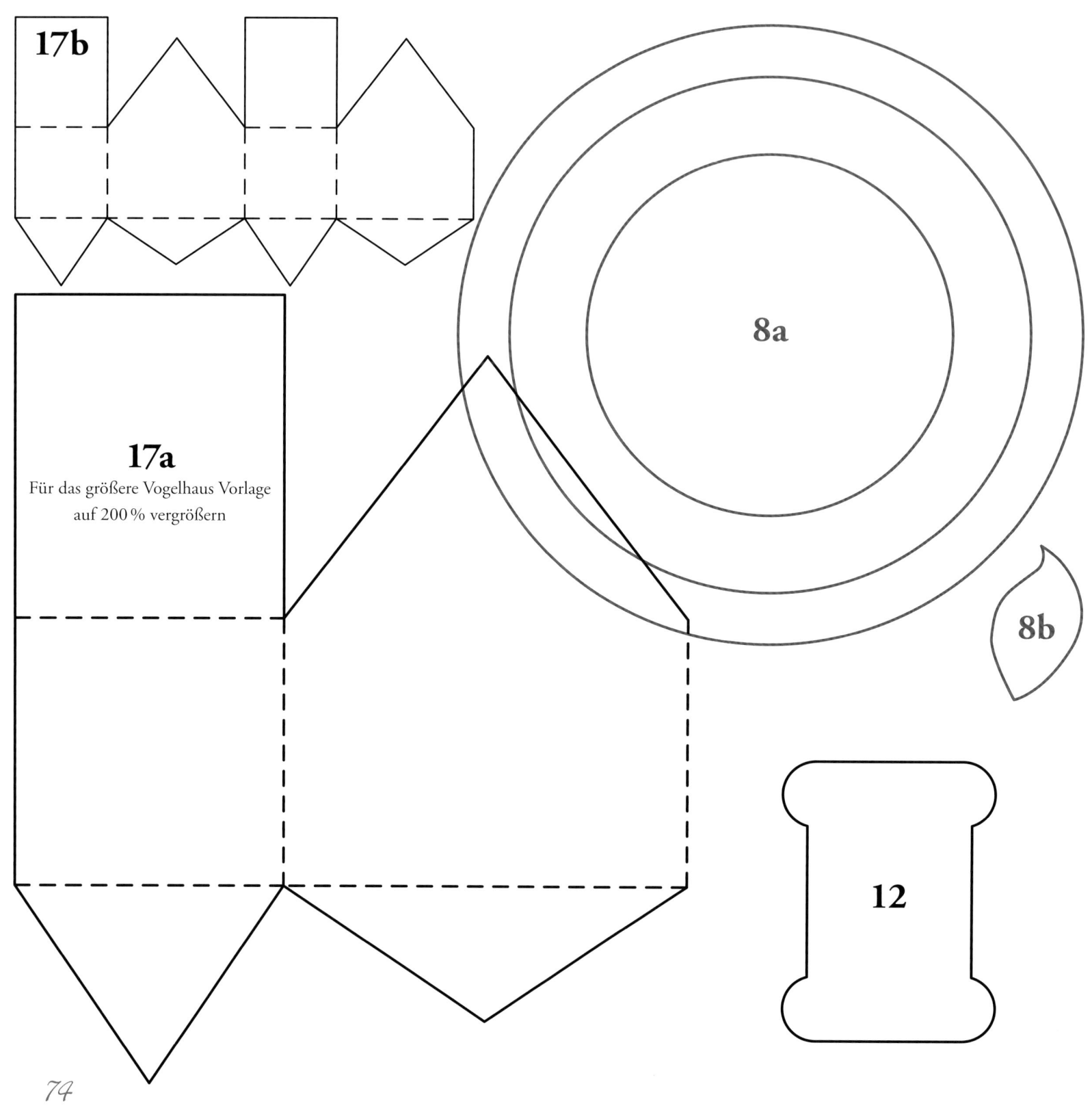

17b

17a
Für das größere Vogelhaus Vorlage
auf 200 % vergrößern

8a

8b

12

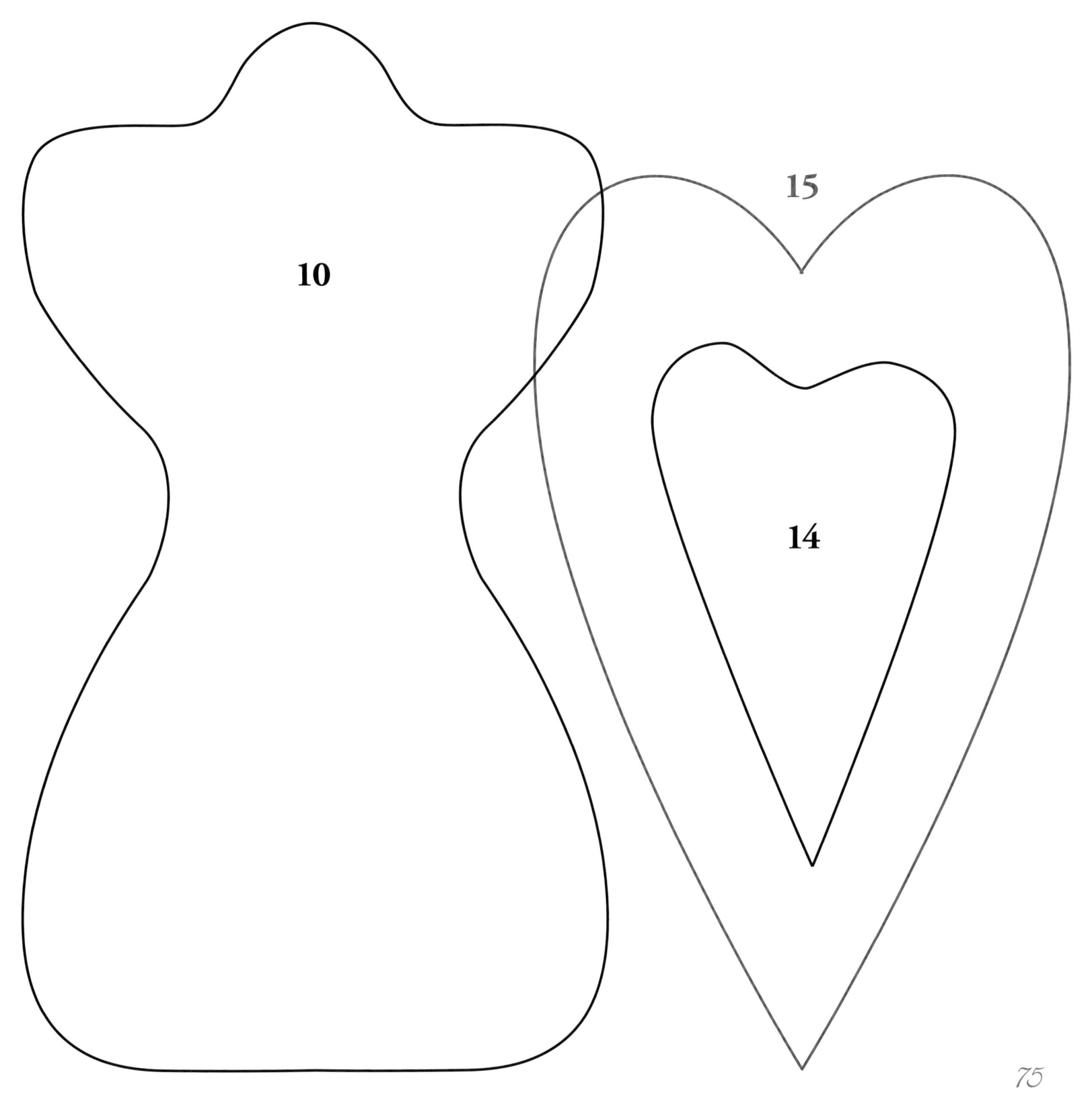

10

15

14

75

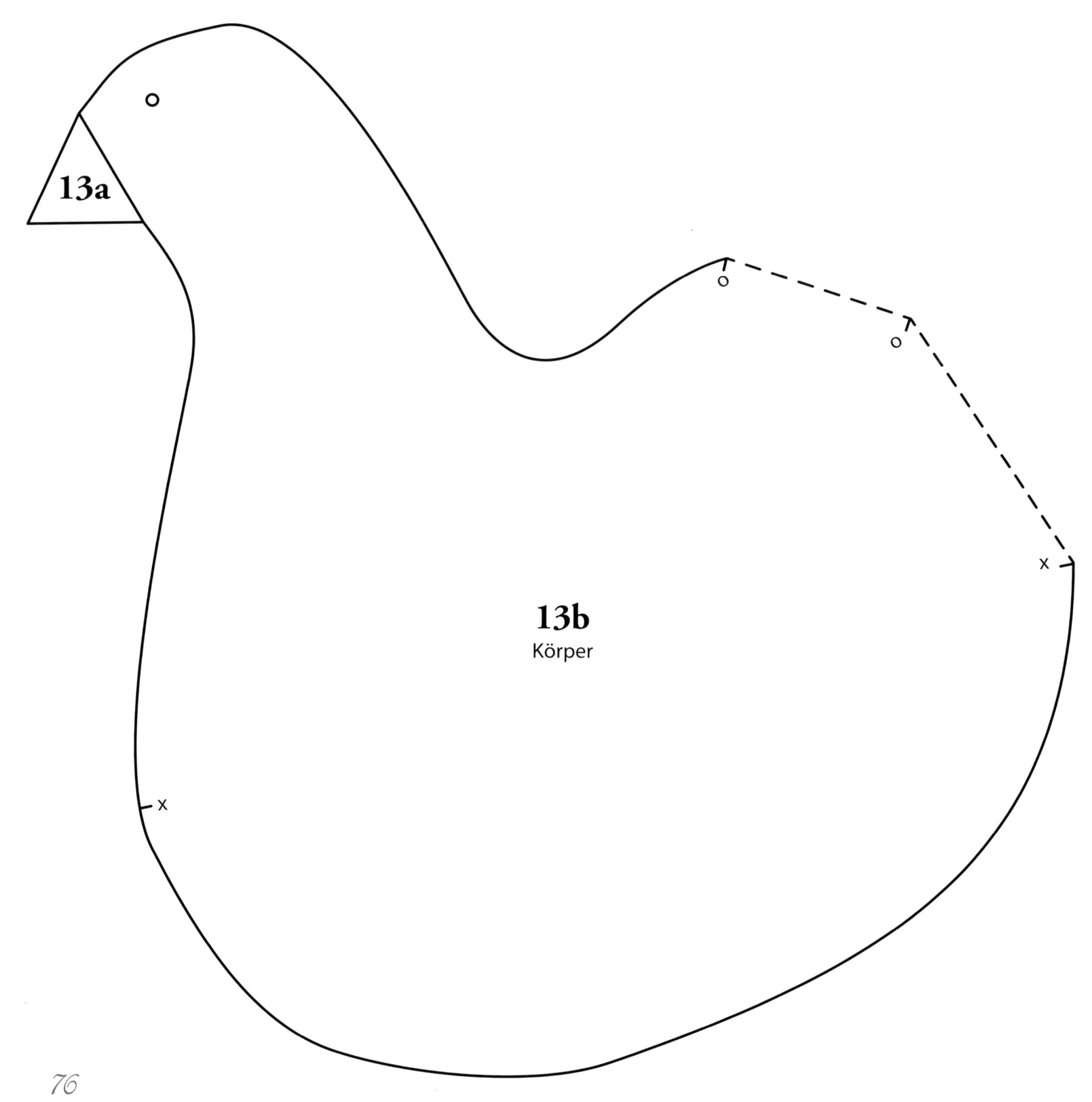

13a

13b
Körper

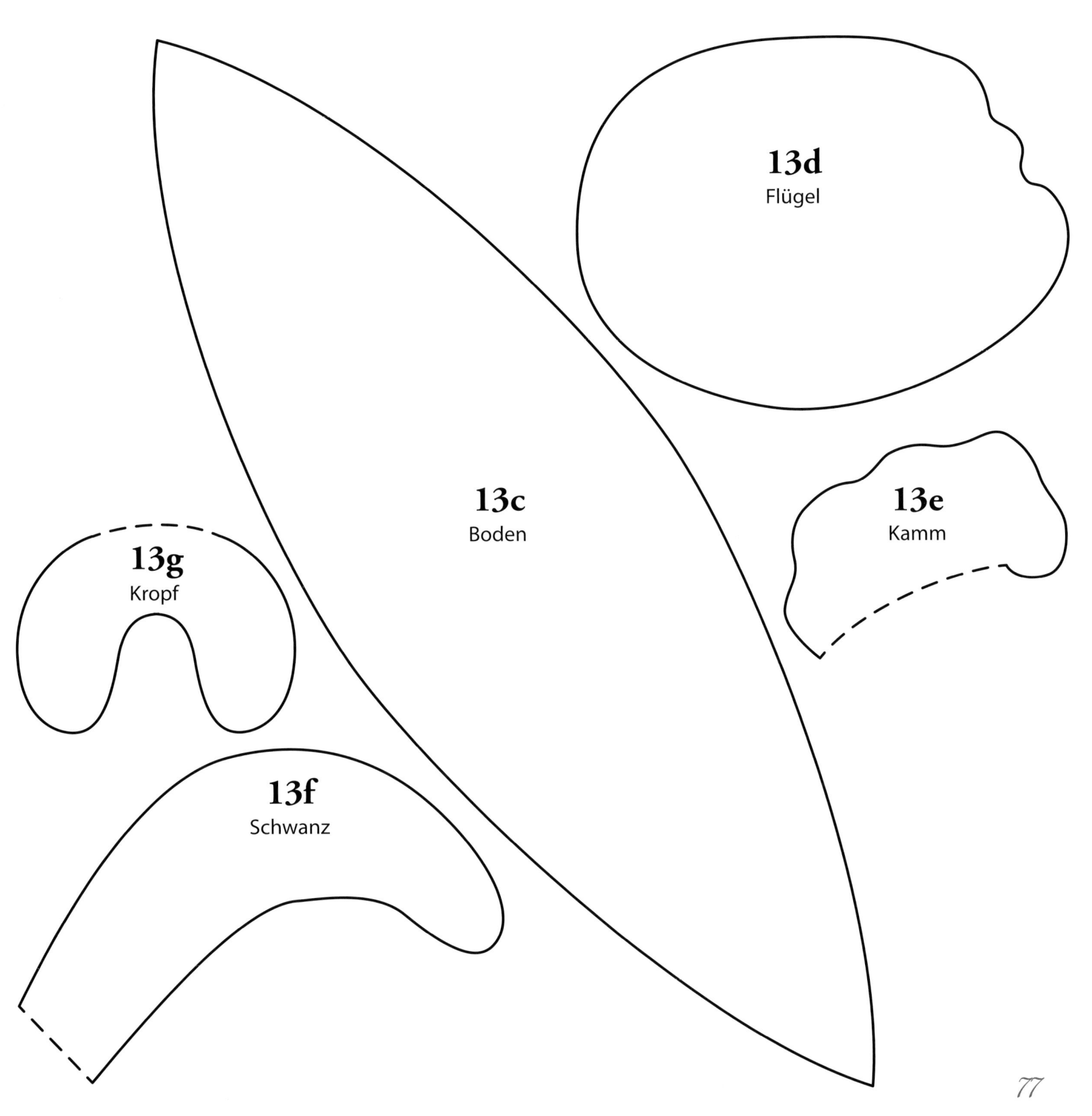

13d
Flügel

13c
Boden

13e
Kamm

13g
Kropf

13f
Schwanz

Impressum

Text und Entwurf: Christa Rolf
Lektorat: Regina Sidabras
Redaktion: Angelika Klein
Fotos: Birgit Völkner, Atelier Lichtwechsel
Styling: Christa Rolf
Vorlagen: Carsten Bachmann
Stepfotos und aquarellierte Zeichnungen:
Christa Rolf
Gesamtgestaltung und Satz: GrafikwerkFreiburg
Repro: Meyle + Müller GmbH & Co. KG,
Pforzheim
Druck und Verarbeitung: Himmer AG, Augsburg

ISBN 978-3-8410-6248-2
Art.-Nr. OZ6248

© 2013 Christophorus Verlag GmbH & Co. KG,
Freiburg
Alle Rechte vorbehalten.

Die gezeigten Materialien sind zeitlich unverbindlich. Der Verlag übernimmt für Verfügbarkeit und Lieferbarkeit keine Gewähr und keine Haftung. Farbe und Helligkeit der in diesem Buch gezeigten Garne, Materialien und Modelle können von den jeweiligen Originalen abweichen. Die bildliche Darstellung ist unverbindlich. Der Verlag übernimmt keine Gewähr und keine Haftung.

Hersteller

· De Witte Engel, Den Burg, Texel
  www.dewitteengel.nl
· Freudenberg KG
  Vertrieb Vlieseline,
  www.vlieseline.de
· Frowein GmbH & Co. KG, Wuppertal
  www.kurt-frowein.de
· Gütermann AG + Gütermann Sulky,
  Gutach/Breisgau
  www.guetermann.com
· Makower
  www.makoweruk.com
· LaBlanche
  www.lablanche.eu
· Prym-Consumer GmbH, Stolberg
  www.prym-consumer.com
· Rayher Hobby GmbH, Laupheim
  www.rayher-hobby.de
· Sulky, www.sulky.com
· Westfalenstoffe AG, Münster
  www.westfalenstoffe.de

Dank

Mein besonderer Dank geht an meine Mutter Karola Gönnewicht. Als Schneiderin schenkte sie mir schon sehr früh die Liebe zu allen textilen Materialien. So durfte ich schon als kleines Mädchen an die Nähmaschine und lernte wie selbstverständlich den Umgang mit Schere, Stoff und Garn. Mit dem Wissen, was sie mir vermittelte, legte sie den Grundstein für meine Fähigkeiten. Bedanken möchte ich mich auch bei meinem Sohn Niklas Rolf. Mit seiner eigenen Kreativität war er mir bei der Farbauswahl und beim Entwurf der Modelle ein konstruktiver Kritiker. Er verzichtete auf so manche warme Mahlzeit, wenn ich mal wieder lieber an der Nähmaschine saß, als in der Küche am Herd zu stehen.

Kreativ-Service

Sie haben Fragen zu den Büchern und Materialien? Frau Erika Noll ist für Sie da und berät Sie rund um alle Kreativthemen. Rufen Sie an! Wir interessieren uns auch für Ihre eigenen Ideen und Anregungen. Sie erreichen Frau Noll per E-Mail: mail@kreativ-service.info oder Tel.: +49 (0) 5052 / 91 18 58 Montag bis Donnerstag: 9–17 Uhr / Freitag: 9–13 Uhr

Besuchen Sie uns im Internet: www.christophorus-verlag.de